에이징 인 플레이스

일러두기

- 외래어 표기는 현행 한글어문규정의 외래어표기법을 따랐습니다.
- 인명, 작품명, 저서명, 개념어 등은 한글과 함께 괄호 안에 해당 국가의 원어를 병기했습니다.

노년학총서

에이징 인 플레이스

김유진 지음

대한민국, 서울, 학이시습, 2025

에이징 인 플레이스

지은이 김유진
펴낸이 박영률

발행일 2025년 4월 14일

학이시습
출판등록 2007년 8월 17일 제313-2007-000166호
02880 서울시 성북구 성북로 5-11 (성북동1가 35-38)
전화 (02) 7474 001, 팩스 (02) 736 5047
learningbooks@commbooks.com
www.commbooks.com

Lifelong Learning Books
5-11, Seongbuk-ro, Seongbuk-gu, Seoul, 02880, KOREA
phone 82 2 7474 001, fax 82 2 736 5047

학이시습은 커뮤니케이션북스(주)의 평생학습 전문 브랜드입니다.

ISBN 979-11-430-0134-4

책값은 뒤표지에 있습니다.

에이징 인 플레이스란 무엇인가?

세 명의 고령자와 에이징 인 플레이스

여기 세 명의 고령자가 있다. 80세 박 어르신은 30년간 살아온 집에서 살고 있다. 배우자 사별 후에 이 집에서 혼자 지낸 지 10년이 되었다. 78세 황 어르신은 2년 전 노인복지주택으로 이주했다. 고령 친화적 주거환경과 주택 내의 다양한 활동을 기대하며, 오랜 고민 끝에 이주를 결정한 것이다. 86세 정 어르신이 사는 곳은 요양원이다. 뇌경색 후유증으로 신체적 움직임이 자유롭지 않은 정 어르신은 몇 달의 대기 끝에 이곳에 들어온 지 1년쯤 되었다. 세 명의 어르신 중에 에이징 인 플레이스(aging in place) 중인 노인은 누구라고 생각하는가?

'에이징(aging)', '인(in)', '플레이스(place)'의 조합어인 에이징 인 플레이스는 어떤 의미를 지닌 단어인가? 에이징 인 플레이스를 간단히 '내가 사는 곳(place)'에서 '나이 들어 간다(aging)'는 것으로 볼 수도 있지만, 사실 명확한 정의가 쉽지 않은 개념이다(Easthope, 2004). 21세기 들어 전 세계적으로 노인 관련 정책의 핵심 가치로 자리 잡은 이 용어는 자기가 살아온 익숙하고 정든 곳에서 살기 원하는 사람의 정주(定住) 욕구를 뜻하기도 하지만, 장기요양 비용을 줄이는 차원에서 시설보다 지역사회 보호가 효율적이라는 뜻으로 쓰이기도 한다(Sixsmith & Sixsmith, 2008).

국내외 문헌에서 가장 많이 사용하는 정의인 '자기 집에서 계속 사는 것'을 의미하는 차원(Greenfield, 2012)에서 보자면, 앞의 세 어르신 중에서 박 어르신만 에이징 인 플레이스에 해당한다. 최근 폭넓게 사용하는 정의인 '돌봄의 필요성이 커지고 장애가 심화해도 장기요양 시설로 이동하는 것에 대한 대안으로 지원주택에서 사는 것'(Vanleerberghe et al., 2017)까지 포함한 정의에 의하면, 황 어르신도 에이징 인 플레이스에 해당한다고 볼 것이다. 정 어르신은 어떠한가? '어디에서 사는가?'와 같은 장소 중심 차원에서 이 용어를 정의하든, 신체적 기능 중심의 독립적인 생활을 유지하는 것을 강조하는 차원에서 에이징 인 플레이스를 정의하는 측면으로 보든(Grimmer et al., 2015), 정 어르신의 경우는 에이징 인 플레이스와 거리가 멀다고 할 것이다.

에이징 인 플레이스, 무엇에 관한 것인가?

세 고령자의 삶을 조금 더 들여다보자. 박 어르신이 사는 동네는 둥지 내몰림이 진행된 곳이다. 아파트 단지로 바뀐 동네는 박 어르신이 사는 다세대 주택과 같은 건물은 몇 채 없는 지역이 되었다. 이전부터 알던 이웃들은 진작 이사 간 지 오래되었다. 박 어르신은 주변과 교류가 거의 없이 집에서 주로 시간을 보냈었는데, 얼마 전 위암 수술을 받았다. 당뇨와 고혈압 등 만성 질환의 합병증도 무섭고, 돌봐줄 사람도 없는 박 어르신은 퇴원 후에 요양병원으로 갈 수밖에 없다고 생각했다. 다행히 노인 의료 · 돌봄 통합지원 시범사업 대상자가 되면서 자기 집으로 퇴원할 수 있었다. 한 달에 한 번 의사와 간호사가 와서 진찰해 주고, 생활지원사가 주 2회 방문해서 집안일을 도와주며, 자원봉사자가 매일 도시락을 챙겨 준다. 그러나 박 어르신은 하루 대부분 홀로 누워 지낸다.

노인복지주택에 사는 황 어르신은 현재 사는 곳이 마음에 든다. 눈이 많이 와도 대문 주변의 눈 치우는 것을 걱정하거나, 집 안팎으로 수리가 필요한 곳들에 대해 더 이상 걱정할 필요가 없기 때문이다. 예전 집에서는 보일러 고장, 화장실 막힘 등 자잘하게 손볼 것이 자주 생겨서 그로 인한 스트레스가 컸다. 신설 노인복지주택의 쾌적함과 편리함이 마음에 들고, 건물 안의 여러 가지 여가와 교육 프로그램에 참여할 수 있다는 점도 좋다. 주택 근처에는 버스 등 대중교통도 잘되어 있어 이전에 다니던 내과를 계속 다닐 수 있는 것도 좋다. 그런데 배우자의 상황은 다르다. 사람들과 어울리지 않고 밖에 나가지도 않더니 점점 건망증이 심해지고 있다. 노인복지주택에 입주할 때, 박 어르신은 주택관리소 측으로부터 이곳은 독립적인 생활이 가능한 사람만 거주하는 곳이라고 들었다. 한 달에 한 번 하는 입주자 회의에서도 관리소장은 계속 같은 내용을 반복해서 강조한다. 황 어르신은 만약 배우자가 치매 진단이라도 받으면 이곳에서 나가게 될까 봐 영 불안하다.

정 어르신은 집에서 여러 차례 넘어진 사건 후에 큰 결심을 하고 요양원에 오게 되었다. 60세가 훌쩍 넘은 아들 내외가 자신을 보살피는 걸 힘들어하는 것도 더 이상 볼 수 없었다. 집을 떠나 낯선 곳에서 생면부지의 사람들과 한방에서 생활하는 것은 피하고 싶은 일이지만 어쩔 수 없었다. 요양원에서는 네 명이 한방에 거주하는데, 어르신에게 침대방과 온돌방 중에서 선택할 수 있도록 해 줬다. 정 어르신은 일어나고 앉는 게 덜 힘들고, 무릎과 허리 통증에 덜 부담이 느껴지도록 침대에서 생활하기로 했다. 정 어르신은 이곳에서 적응하는 게 쉽지 않았지만, 마음을 단단히 먹을 수밖에 없었다. 다행히 요양보호사, 사회복지사들이 친절하고, 여러 가지 활동을 할 수 있게 도와준다. 매일 체조와 요가 등을 하니까 몸이 조금씩 편해지는 것을 느낀다. 집에서 살 때는 또 넘어질까 무서워서 주로 앉거나 누워서 보냈었다.

다시 같은 질문에 답해보자. 세 명의 어르신 중에 에이징 인 플레이스 중인 노인은 누구인가? 무엇을 기준으로 누가 에이징 인 플레이스 중이고, 누구는 아니라고 할 수 있는가? 과연 에이징 인 플레이스는 무엇에 관한 것인가?

인구 고령화와 함께 다양한 분야에서 활발히 사용 중인 용어 '에이징 인 플레이스'

국내 문헌에서는 2003년 ≪건축≫이라는 학술지에 "자기 처소에서의 노화(aging in place)"(최성재, 2003:20)라는 단어가 처음 등장한다. "한국의 노인주거보장 정책의 문제점과 개선방향"이라는 제목의 글에서 최성재(2003:17)는 서구 노인복지 정책의 방향이 "노인이 자기가 살던 곳에서 계속 생활하게 하는 것(aging in place)"이라고 하며,

우리나라도 시설보호가 아닌 재가보호 중심으로 나아가야 한다고 주장했다.

2025년 기준, 정부는 지역사회 통합돌봄을 비롯한 돌봄 서비스, 노인 주거 등의 정책과 제도에서 에이징 인 플레이스를 지향한다고 밝히고 있다(보건복지부, 2023; 2025). 돌봄과 요양, 주택과 환경, 보조 기기와 기술, 건강과 기능 등 다양한 영역에서 에이징 인 플레이스라는 주제를 다루고 있다. 주거와 건축, 도시환경 쪽의 연구에서 에이징 인 플레이스라는 개념을 사용할 때는 주택 개보수와 다양한 주거 대안 또는 고령 친화적 도시환경 조성의 필요성을 논의하는 차원에서 사용하며, 사회복지학 쪽에서는 주로 장기요양서비스 개편과 확대, 맞춤형 재가돌봄 서비스 확충 차원에서 사용하는 경향이 있다(김수린 · 조승연 · 김정승, 2022; 박영란 · 박경순, 2015). 에이징 인 플레이스라는 용어는 공공 정책과 다양한 학술 연구 분야뿐 아니라 미디어 등에서도 활발히 사용하고 있다. '지역사회 계속 거주', '지역사회 지속 거주', '정든 곳에서 나이 들어 가기' 등으로 번역하여 사용하기도 하는데, 점차 원문 그대로 발음하여 에이징 인 플레이스라고 사용하는 경향이 커지고 있다(김유진, 2024).

이 책의 문제의식

이 책은 다음과 같은 문제의식에서 출발하였다. 첫째, 국내 학술 논문, 정책 보고서, 언론 등에서 에이징 인 플레이스라는 단어를 사용할 때 그 의미를 정확히 정의하지 않고, 수사적 표현처럼 사용하는 경향이 있다. 그런데 이 용어를 사용하는 맥락을 들여다보면, 이 단어를 통해 지향하는 목표가 대부분 비슷하다. 바로 장기요양 비용을 절감하자는 것이다. 특히 초고령 노인의 비율이 커지는 가운데서 정부는 돌봄과 주거 정책의 개편 또는 확대를 통해 장기요양 시설 입소를 최대한 예방하자고 한다. 에이징 인 플레이스의 개념을 마치 시설의 반대편에 있는 것처럼 인식하는 것이다(김유진, 2024).

둘째, 대부분 관련 정책과 연구에서 에이징 인 플레이스를 당연하게 정책적 목표로 언급하며, 에이징 인 플레이스의 실제는 위험하고 고립된 삶일 수도 있다는 점을 간과하는 경향이 있다. 우리 사회에는 편안하고 안전한 주택에서 가족과 주변의 지원, 그리고 자신에게 필요한 보건·의료 서비스 등을 자유롭게 활용할 수 있는 형편의 노인도 있지만, 빈곤과 질병, 외로움과 무위를 견디며 열악한 주거 환경에서 하루하루 줄타기하는 심정으로 살아가는 노인들도 있다. 특히 노인 빈곤과 자살, 고독사 등의 문제가 여전히 심각한 사회에서 살던 곳에서 계속 사는 노년의 삶을 마치 이상적인 것처럼 그리는 것은 매우 부적절하다. 사회구조적 불평등이 엄연한 현실에서 노인이 살던 곳에서 계속 거주하는 것을 무분별하게 정책적 목표로 삼는 것에 대해 비판적 시각을 가질 필요가 있다(Weil & Smith, 2016).

셋째, 에이징 인 플레이스를 지원한다는 일련의 정책과 제도를 보면, 노화와 노인에 대한 시각이 일방적인 편이다. 에이징 인 플레이스 논의에서 노인은 주로 돌봄이나 주거 서비스를 받는 입장에 있는 것으로 간주한다. 우리 사회는 두 가지 상반된 노인상을 갖고 있다. 피터 래슬릿(Peter Laslett)의 표현을 빌리면, 우리 사회에는 제3시기의 젊고 건강하며 활동적인 노인이 있고, 제4시기의 의존적인 삶을 사는 초고령 노인 인구가 있다(Laslett, 1991). 이것은 순전히 신체적, 인지적 기능 수준으로 노인을 판단하는 것인데, 이와 같은 생의학적 관점에 더하여 기능주의적 관점, 경제학적 관점의 영향을 받은 우리 사회는 돌봄 욕구가 큰 상태의 노인을 기능이 쇠퇴한 자, 의존적인 자, 사회의 부담으로 보는 시각을 갖고 있다.

넷째, 제4시기 노인의 문제에 초점을 둔 에이징 인 플레이스 논의는 주로 노인에게 무엇을 '해 주는 것' 중심으로 진행된다. 노인이 에이징 인 플레이스 하는 데 장벽이 되는 물리적 환경 요인을 '고치고', IoT와 AI 기술을 탑재한 돌봄로봇을 노인에게 '안기며', 노인의 의존성을 심화할 수도 있는 돌봄을 '일방적으로 제공하며', 정작 노인의 선호와 욕구에는 별로 관심이 없다. 자율성과 주도성, 생애 이력을 지닌 존재로서, 그리고 주변 환경과 상호 작용하며 환경을 변화시키는 역할을 하는 자로서 노인의 측면에는 크게 관심을 기울이지 않는다. 노인의 권한 부여, 사회적 포용, 사회통합과 같은 정책과 에이징 인 플레이스 논의를 연결하지 않는 것이다.

다섯째, 에이징 인 플레이스 논의에 가족과 이웃 등의 공동체에 관한 내용, 그리고 노년기의 삶의 양식에 관한 고민은 별로 보이지 않는다. 1장에서 살펴보겠지만, 에이징 인 플레이스란 용어는 평균 수명이 길지 않고, 1인 가구란 용어가 생소하며, 대가족의 삶이 자연스러웠던 이전 시대의 유물이 아니다. 에이징 인 플레이스란 용어는 이와 정 반대되는 인구사회학적 변화 속에 등장하여 현재 계속 발전 중인 개념이다. 그렇다고 이것이 완전히 새로운 것도 아니다. 역시 1장에서 정리한 것처럼, 에이징 인 플레이스란 인간과 환경에 관한 것이기 때문이다. 단, 사람이 어디서, 어떻게, 무엇을 하며 길어진 생을 살아가는지에 대한 상황이 예전과 달리 크게 변했다는 점으로 인해 이 주제에 관심을 두는 것이다. 에이징 인 플레이스는 어디에서 사는가(place) 이상의 것으로 노년의 삶의 방식, 즉 사람이 사람답게 살 수 있는 삶에 관한 것인 만큼, 혼자가 아닌 함께 더 나은 노년의 삶을 만들어 가는 것에 대한 논의도 필요하다.

여섯째, 노년학 연구에서 에이징 인 플레이스 개념이 점점 더 중요해지고 있음에도, 이 개념을 포괄적이고 깊이 있게 살펴보는 노력이 아직 크지 않은 편이다. 비렌과 벵트슨(Biren & Bengtson, 1988)이 노년학 연구의 한계로 지적한 것처럼, 에이징 인 플레이스 관련 '자료는 넘치는데 이론은 부족하다(data rich, theory poor).' 이론적 기반이 부족한 문제로 인해 관련 연구가 깊이 있게 진행되지 못하고, 고령자의 정주 의사와 관련 영향 요인 연구 결과만 반복해서 쌓이고 있다(김유진, 2024).

에이징 인 플레이스를 연구하게 된 배경

노인복지 연구자인 저자가 에이징 인 플레이스란 주제에 본격적으로 관심을 갖게 된 것은 2010년 노인 자살 예방 관련 연구를 수행한 때부터다. 자살 시도 경력이 있는 노인들의 댁을 방문하여 심층 면담을 진행하면서 만난 노인 참여자들의 삶을 잠깐이지만 가까이에서 경험한 것이 계기가 되었다. 그동안 통계 자료로 접했었던 저소득 노인 1인 가구의 열악하고 불안정한 주거 실태를 38명의 노인 가구를 방문하면서 보게 된 것이다. 도시지역 저소득 노인이 죽고 싶은 마음과 '그래도 살아 보자' 하는 마음 사이에서 수시로 갈등하는 속내에는 잦은 이사를 더 이상 감당할 수 없어진 노인의 건강 문제도 크게 자리 잡고 있었다(권중돈 · 김유진 · 엄태영, 2011; 김유진, 2013). 한편, 노인들이 주거환경의 열악함과 불편함을 참는 이면에는 자율성과 독립적인 삶의 가치를 우선시하는 것이 있다는 것도 볼 수 있었다.

2010년대에 농촌 지역에서는 공동생활거주제가 확산하고 있었다. 도시에 비해 높은 고령화율에 비해 낮은 보건복지 서비스 기반 등으로 농촌 노인의 고립과 돌봄 문제가 사회문제화되면서, 경로당을 개보수하여 독거노인들이 공동으로 숙식을 해결하며 긴급 상황에 신속히 대응할 수 있도록 하는 방안 등을 모색한 것이다. 2014년, 그 당시 큰 이슈가 된 노인 고독사 문제와 맞물려, 이와 같은 시도가 농촌형 독거노인 고독사 예방 사업의 하나로서 국책 사업의 일환으로 시범 진행되기도 하였다. 이에 관한 현장

연구를 진행하며 공동생활거주제의 민낯과 같은 모습을 보기도 했지만, 노인이 주변 환경과 어떤 식으로든 관계를 맺으며 나이 들어 가는 모습이 지역마다 다른 모습을 띠는 것을 볼 수 있었다(김유진, 2016a; 2016b).

이후 노년기 주거와 돌봄 관련 연구를 수행하면서 자연스럽게 국내 에이징 인 플레이스 논의가 얼마나 정책가와 연구자 중심으로 진행되는지 여러 가지 경로를 통해 경험하였다. 정책과 연구가 노인을 대상화하며, 우리 중의 하나가 아닌 '그들'로 대하는 경향이 얼마나 큰지, 특히 저소득 노인 '대상'으로 일하는 분야의 인력이 얼마나 자연스럽게 선별적 복지 사고의 틀을 가지고 노인들을 대하는지도 종종 볼 수 있었다. 한편, 급속한 속도로 확대된 노인복지 서비스의 폐해도 보게 되었는데, 이용자 유치와 유지, 확대에 급급하며 '퍼 주기식' 서비스 제공이 의도치 않게 노인을 의존적이게 하거나(Baltes, 1996), 서비스 오남용을 부추기기도 한다(최소연, 2013). 이와 같은 현상은, 이 책의 2장을 비롯하여 책 전반에 걸쳐 강조하는 개념 중의 하나인 인간-환경 정합성을 고려하지 않은 채, 서비스 확대 중심으로 발전한 것 때문이라고 할 수 있다.

어느 연령대의 누구라도 그렇듯이, 노인은 자기 삶의 주인공이다. 자살 예방 연구뿐 아니라 피학대 노인, 폐자원 수거 노인 관련 현장 연구를 하며 만난 노인들이 얼마나 강한 생활력을 지녔는지 빈번히 볼 수 있었다. 매우 취약한 환경에서도 노인들은 환경에 종속되지 않고, 자신의 상황에서 할 수 있는 최선의 삶, 그리고 목표 지향적인 삶을 살고자 무던히 애쓰고 있었다. 전 생애에 걸쳐 축적된 여러 가지의 영향, 가족과의 관계와 사회적 인식 등의 사회적 환경 및 물리적 환경이 어떤지에 따라 노인의 그러한 목표 지향의 과정이 긍정적이거나 부정적으로 달라지는 것도 볼 수 있었다. 이 책에서 노인과 환경 양측을 동일한 비중으로 다루고자 하는 것은 이와 같은 저자의 경험에 기반한 것이다.

이 책의 목적과 내용

이 책은 에이징 인 플레이스란 개념이 노년학 연구와 관련 정책에 매우 중요한 주제란 것을 강조하며, 이 개념에 대해 균형 잡힌 시각을 가질 수 있도록 돕고, 이를 통해 논의의 지평을 넓히는 데 기여하고자 한다. 이 책에서는 개념적 틀을 기반으로 논의를 전개하는데, 이론 기반의 시각이 탄탄해야 에이징 인 플레이스 논의가 무비판적으로 진행되지 않을 수 있다고 보기 때문이다.

1장부터 5장까지는 에이징 인 플레이스의 개념을 이해하는 데 기본이 되는 이론적 틀을 살펴볼 것이다. 1장에서는 에이징 인 플레이스란 용어가 고령화 정책의 지침이 된 배경과 함께 학술적으로 이 개념이 어떻게 발전하고 있는지 살펴볼 것이다. 또한, 세계보건기구 등의 주요 기관이 최근에 이 용어를 어떻게 정의했는지 살펴보며, 그러한 정의의 기저에 깔린 담론의 영향에 관해서도 관심을 기울일 필요가 있음을 말할 것이다.

2장에서는 에이징 인 플레이스 용어가 개념으로 발전하는 데 지대한 영향을 미친 인간-환경 정합성 개념 중심으로 환경노년학 분야를 살펴보고자 한다. 노년기 삶의 다양성에 대한 이해, 이를 바탕으로 한 다양한 에이징 인 플레이스 지원 방안 모색을 위해서 이 개념의 이해가 얼마나 중요한지 볼 것이다.

3장에서는 에이징 인 플레이스의 주인공인 노인이 경험하는 적응과 타협, 그리고 회복탄력적인 일상에 관한 연구들과 함께 발달심리학의 주요 개념 중의 하나인 보완을 통한 선택적 최적화 모델을 살펴볼 것이다.

4장에서는 비판노년학 관점으로 에이징 인 플레이스 주제에 접근한다면, 어떤 내용을 볼 수 있는지 정리했다.

에이징 인 플레이스 실제의 불편한 진실과 축적된 불평등의 영향이 노인의 에이징 인 플레이스에 미치는 영향을 살펴보았다.

5장은 에이징 인 플레이스 지원 정책과 제도의 목표에 관한 내용을 다룬다. 현행 에이징 인 플레이스 관련 정책에서 설정한 목표의 한계를 정리하며, 새로운 목표를 제안하였다. 즉, 에이징 인 플레이스 정책은 인간-환경 간 상호작용의 질을 높이는 것에 두어야 한다는 것과 각각 거시적, 중시적, 미시적 차원에서 인간-환경 정합성을 높인다는 것의 의미가 무엇인지 정리했다. 이는 생태학적 모델과 사회복지 개입의 세 가지 수준이라는 틀을 활용한 것이다.

1장부터 5장에 걸쳐 에이징 인 플레이스 개념을 이해하는 데 초점을 두었다면, 6장부터 10장에서는 에이징 인 플레이스를 지원하는 구체적인 방안을 살펴볼 것이다. 지면의 한계상, 그리고 저자의 주요 관심사에 따라, 이 책에서 미처 다루지 못한 지원 방안이 있을 수 있다. 노인복지를 전공한 사회복지학자로서, 최근 수년간 노인 돌봄과 노인 주거 중심의 연구를 진행하면서 중요하게 생각한 것을 중심으로 내용을 구성하였다.

6장에서는 에이징 인 플레이스 설계라는 주제로 이것이 무엇인지, 어떤 점에서 에이징 인 플레이스 설계가 필요한지 살펴보았다. 그리고 이러한 작업을 돕는 도구의 실제 사례의 일부 내용을 정리하였다.

7장에서는 주거환경 개선과 플랫폼으로서의 주택에 관해 살펴본다. 단지 주거환경 개선 서비스 제공 확대, 다양한 노년기 주거 모형 마련 등의 논의를 넘어서 인간-환경 정합성 차원에서 주의 깊게 고민해야 할 부분을 정리했다.

8장은 돌봄 서비스에 관한 것이다. 에이징 인 플레이스를 지원하는 돌봄 서비스는 사회적 모델에 기반을 둔 예방적 돌봄부터 생애 말기 돌봄까지 세심하게 지원할 수 있어야 한다는 것을 강조하였다. 그리고 지역사회 통합돌봄 시대를 앞두고 돌봄 생태계 개편을 위해 필요한 몇 가지 고민 사항을 정리하였다.

9장은 고령 친화 환경 조성의 현재와 미래에 관한 내용을 담고 있다. 에이징 인 플레이스가 가능하기 위해 고령 친화 환경 조성이 얼마나 중요한지, 어떤 점에서 고령 친화 환경 조성이 더디게 진행되는지 정리했다. 그리고, 그럼에도 계속해서 왜, 그리고 어떻게 고령 친화 환경 조성 운동이 진행되어야 하는지를 살펴보았다.

10장에서는 지역 공동체와 함께 지역 공동체 내에서 에이징 인 플레이스 하는 시도에 관한 내용을 정리하였다. 21세기 현재 아직 이러한 움직임은 대안적 시도에 머물고 있지만, 1인 가구가 현재보다 더 보편화된 가구 유형일 수 있는 미래, 그리고 저성장 사회가 뉴노멀로 자리 잡은 미래에 더욱 우리에게 필요한 방안일 수 있다. 우리가 지금부터 만들어 가야 할 에이징 인 플레이스의 한 모습이어야 한다는 점에서 이에 관한 내용을 살펴보았다.

참고문헌

권중돈 · 김유진 · 엄태영(2011). 노년기 자살행동 경험의 의미와 과정에 관한 근거이론 연구. ≪노인복지연구≫, 52호, 419~446.

김수린 · 조승연 · 김정승(2022). ≪농촌 노인의 '지역사회 계속 거주(Aging in Place)'를 위한 장기요양 재가서비스 개선 과제≫. 한국농촌경제연구원 농정포커스, 210호, 1~21.

김수영 · 문경주 · 오찬옥(2015). 고령화 지역의 Aging in Place 에 영향을 주는 조건분석을 통한 정책방향 탐색. ≪지역사회연구≫, 23권 2호, 137~164.

김유진(2013). 자살시도 노인의 일상으로의 복귀와 '다시 살아보자'의 경험에 관한 연구. ≪한국사회복지학≫, 65권 1호, 127~146.

김유진(2016a). '지역 공동체 내에서 나이 들어가기' 관점에서 살펴본 농촌 독거노인 공동생활거주제에 관한 연구. ≪노인복지연구≫, 71권 1호, 251~273.

김유진(2016b). 농촌지역 독거노인 공동생활거주에 관한 질적 사례연구. ≪한국노년학≫, 36권 1호, 21~38.

김유진(2024). 국내 에이징 인 플레이스(aging in place) 관련 연구에 관한 통합적 문헌고찰. ≪사회과학 담론과 정책≫, 17권 1호, 167~205.

박영란 · 박경순(2015). 사람중심 고령사회 패러다임: Aging

in Place 이념과 장기요양. ≪장기요양연구≫, 3권 1호, 134~155.

보건복지부(2023). 『노인 의료 · 돌봄 통합지원 시범사업 안내』. 보건복지부.

보건복지부(2025).『2025년 노인맞춤돌봄서비스 사업 안내』. 보건복지부.

최성재(2003). 한국의 노인주거보장 정책의 문제점과 개선방향. ≪건축≫, 47권 6호, 16~20.

최소연(2013). 서비스오남용과 관리자지원이 돌봄 서비스 종사자의 직무소진에 미치는 영향: 직무스트레스의 매개효과를 중심으로. ≪보건사회연구≫, 33권 2호, 299~325.

Baltes, M. M.(1996). *The many faces of dependency in old age*. New York: Cambridge University Press.

Birren, J. E. & V. L. Bengtson.(Eds.).(1988). *Emergent Theories of Aging*. New York: Springer

Easthope, H.(2004). A place called home. *Housing, theory and society, 21*(3), 128~138.

Greenfield, E. A.(2012). Using ecological frameworks to advance a field of research, practice, and policy on aging-in-place initiatives. *The Gerontologist, 52*(1), 1~12.

Grimmer, K., Kay, D., Foot, J., & Pastakia, K.(2015). Consumer views about aging-in-place. *Clinical*

Interventions in Aging, 10, 1803~1811.

Laslett, P.(1991). *A fresh map of life: The emergence of the third age.* Cambridge: Harvard University Press.

Sixsmith, A. & Sixsmith, J.(2008). Ageing in place in the United Kingdom. *Ageing International, 32*(3), 219~235.

Vanleerberghe, P., De Witte, N., Claes, C., Schalock, R. L., & Verté, D.(2017). The quality of life of older people aging in place: A literature review. *Quality of Life Research, 26*(11), 2899~2907.

Weil, J. & Smith, E.(2016). Revaluating aging in place: From traditional definitions to the continuum of care. *Working With Older People, 20*(4), 223~230.

차례

01

에이징 인 플레이스 개념 정의

21세기 현재 에이징 인 플레이스 개념은 전 세계적으로 고령 관련 정책의 기본 방향이자 최선의 실천 가치로 인식된다. 이 장에서는 먼저 에이징 인 플레이스라는 용어의 등장 배경과 이것이 어떠한 사회적 맥락에서 고령화 관련 정책의 지침으로 자리 잡았는지 살펴보고자 한다. 그리고 에이징 인 플레이스가 과연 무엇을 의미하는지, 어떻게 정의하는 것이 적합한지 학술적 논의의 결과를 정리할 것이다. 마지막으로, 이 용어의 사용에는 숨은 의도가 있을 수도 있다는 점을 상기하며, 에이징 인 플레이스를 노인과 환경 간의 연속적인 상호 작용 과정으로 이해하는 것의 필요성을 강조한다.

에이징 인 플레이스가 고령 정책의 지침이 된 배경

에이징 인 플레이스란 용어가 학술 문헌에 처음 등장한 것은 1978년이다. 그라프와 와이즈먼이라는 지리학자가 미국 도심의 고령화 현상, 은퇴자 커뮤니티의 성장 등 1950~1970년대 65세 이상 인구의 공간 분포 변화를 묘사하면서 '에이징 인 플레이스(aging-in-place)'(Graff & Wiseman, 1978:383)란 단어를 사용한 것이다. 이 용어는 1982년 유엔(United Nations)의 비엔나 국제 고령화 계획(Vienna Plan)을 통해 점차 고령화 관련 정책의 방향을 설명하는 차원의 의미로 사용되기 시작하더니, 2002년 제2차 세계노인총회(United Nations World Assembly on Aging)의 국제행동계획, 2007년 세계보건기구(WHO)의 고령 친화 도시(aging-friendly city) 조성 지침, 최근 국내 지역사회 통합돌봄 정책에 이르기까지 고령화 관련 정책의 기본 가치로 자리 잡았다(보건복지부, 2023; Bookman, 2008; Menec et al., 2011).

노인 인구의 증가에 따른 사회적 변화와 관련된 현상을 묘사하면서 사용되기 시작한 에이징 인 플레이스란 용어가 차차 관련 정책과 제도의 변화를 촉구하는 주제로 변모한 것은 다음과 같은 상황이 맞물렸기 때문이다. 첫째, 평균 수명 증가와 더불어 노인 인구의 증가, 가족 기능의 변화, 돌봄 인력의 감소 등에 따라 지속 가능한 보건의료 서비스 정책 운용에 관한 문제가 대두되었다. 둘째, 요양 시설에 거주하는 노부모 세대의 삶을 반면교사로 삼은 베이비붐 세대를 중심으로 노년의 삶에 대한 대책 마련에 관심이 커졌다. 셋째, 노년학계에서도 시설 중심의 돌봄이 아닌 노인이 자신의 집에 머물면서 독립성과 존엄성을 유지할 수 있도록 돕는 정책을 옹호하는 목소리가 높아졌다. 넷째, 장애인의 권리와 자립을 위한 옹호 활동 등의 탈시설화 운동과 함께 장애인과 노인의 독립적인 생활을 지원하는 개념이 발전한 것도 이러한 움직임에 도움이 되었다(Bengtson & Settersten, 2016; Bigonnesse & Chaudhury, 2020).

에이징 인 플레이스 개념의 발전

학술 문헌과 정책 보고서는 이 용어를 보통 고령자가 시설이 아닌 곳에서 사는 것으로 정의하는 경향이 있다(Forsyth & Molinsky, 2021). 에이징 인 플레이스란 요양 시설과 같은 곳으로 이동하는 것을 최대한 지연하고 가능한 한 오랫동안 자기 집에서 사는 것에 관한 것이라고 정의하는 것이다. 이러한 정의는 노인이 주택 개보수, 보조 기술, 적절한 돌봄 서비스 등을 이용하면서 수십 년 동안 거주해 온 집에 계속 머무는 것을 강조한다(Bigonnesse & Chaudhury, 2020).

그러나 다음과 같은 한계를 인식하며 이 용어의 개념도 확장되었다. 크게 네 가지 차원에서 살던 곳에서의 지속 거주, 물리적 장소 중심으로 개념을 정의하는 것의 한계를 정리할 수 있다. 첫째, 에이징 인 플레이스의 실제는 서문의 정 어르신의 사례처럼 고립과 외로움의 삶일 수도 있고, 취약한 주거환경으로 인해 노인의 장애가 심해질 수도 있는 상황이라는 점이다(Erickson et al., 2012). 둘째, 노인이 선호하는 바가 꼭 현재 살고 있는 거처에서 계속 사는 게 아닐 수도 있다는 점이다. 노인이 현 거처에서 계속 사는 것은 다른 대안이 없어서인 경우도 많다(Ahn et al., 2020). 또한, 노인들에게는 한곳에서 오래 사는 것보다 자신의 상황과 변해 가는 욕구를 충족시킬 수 있는 환경이 더 중요할 수도 있다. 이에 따라 노인들은 다른 지역의 노인복지주택 등으로도 이주하며, 경제적 형편이 가능하면 이주하고 싶다고도 하는 것이다(김유진 · 박순미, 2019; 백옥미, 2016). 셋째, 노인에게 에이징 인 플레이스의 의미는

익숙한 곳이 주는 편안함뿐 아니라 정체성과 삶의 연속성, 자립과 자율적인 삶, 어울려 사는 것의 가치를 뜻한다(이승훈, 2017; 최희정, 2021; Wiles et al., 2012). 이에 따라 에이징 인 플레이스의 사촌 격 또는 확장 격으로 에이징 인 커뮤니티(aging in community)라는 개념도 등장하였다(Bookman, 2008). 넷째, 사람뿐 아니라 공간도 시간의 흐름에 따라 변하는 생태계의 특성을 지녔다는 점을 인식하게 된 것이다(Massey, 2005). 노인에게 에이징 인 플레이스는 끊임없는 숙고와 변화, 적응의 과정을 동반하는 과정이라는 점(김유진, 2024; Rosenwohl-Mack et al., 2020), 그리고 에이징 인 플레이스는 시간과 공간, 사람 간의 상호작용으로 계속 변화하는 속성을 지녔음을 보게 된 것이다(Rogers et al., 2020). 이러한 논의는 에이징 인 플레이스란 생애주기상의 변화를 겪는 사람, 그리고 역시 변해 가는 사회적, 물리적 환경 간의 관계에 따라 노인의 삶이 달라진다는 점을 인식하는 것이 필요하다는 것을 일깨워 준다(Hillcoat-Nalletamby & Ogg, 2014).

이에 따라 '장소가 어디든 적합한 곳에서 나이 들어 가기(aging in right place)'(Golant, 2015), '노인이 사는 곳이 어디든 간에 그곳은 살기에 적합한 곳이 되어야 한다(aging all over place)'(Levasseur et al., 2022)와 같은 표현도 등장하였다. 에이징 인 플레이스란 개념은 거주지가 어디든 간에 노인이 자율성을 가지고, 자립적인 생활을 하며, 사회적 관계를 유지하고, 원하는 삶의 방식을 유지할 수 있도록 하는 것이 중요하다는 것을 의미한다(Golant, 2011; Wiles et al., 2012).

최근 주요 기관들의 '능력' 중심 정의

한편, 최근 주요 기관 등이 사용하는 정의를 주의 깊게 볼 필요가 있다. 세계보건기구는 에이징 인 플레이스를 "나이, 소득 또는 내재적 역량 수준에 관계없이 노인들이 자신의 집과 지역사회에서 안전하고 독립적이며 편안하게 생활할 수 있는 능력(aging in place—that is, the ability of older people to live in their own home and community safely, independently, and comfortably, regardless of age, income or level of intrinsic capacity)"이라고 정의하였다(WHO, 2015:36). 미국의 연방 정부 기관인 질병통제예방센터(Centers for Disease Control and Prevention Health Organization)도 거의 유사한 정의를 사용한다. 에이징 인 플레이스를 "나이, 소득, 능력 수준과 관계없이 안

전하고 독립적이며 편안하게 자신의 집과 지역사회에서 생활할 수 있는 능력(the ability to live in one's own home and community safely, independently, and comfortably, regardless of age, income, or ability level)"이라고 정의한다. 이들의 정의는 다수의 국가 기관에서 채택하고 있으며, 북미의 문헌에서 가장 많이 인용되는 정의이기도 하다(Pani-Harreman et al., 2021).

이와 같은 정의가 의미하는 바는 사람들이 독립적이고 자율적으로 살 수 있도록 정부가 해야 할 일의 방향을 가리키는 것이라고 할 수도 있지만, 에이징 인 플레이스를 개인의 능력 차원으로 간주하고 있다는 점을 부인하기는 어렵다. 이와 같은 정의에는 자신의 삶을 최대한 개인이 책임져야 한다는 신자유주의적인 생각이 스며들어 있다고 볼 수 있는 것이다. 이런 점에서 에이징 인 플레이스 논의가 마치 성공적 노화 담론의 상황과 비슷하게 재연되는 것 같다고 비판하는 목소리도 있다. 웨일과 스미스(Weil & Smith, 2016)는 정책 수립자와 연구자들이 마치 노인이 자기 집에 살면서 지역사회의 일원으로서 사는 기준을 충족하면 에이징 인 플레이스 하고 있고, 그런 범주에 들어가지 않는 노인들은 마치 실패한 인생을 산 것처럼 여기는 인식을 가진 건 아닌지 의문을 제기했다. 비고네스와 초드리(Bigonnesse & Chaudhury, 2020)가 언급한 것처럼, 에이징 인 플레이스 담론에 기능주의적 관점과 생의학적 관점이 미친 영향에 주의할 필요가 있다.

맥락에 맞는 용어 사용의 필요성

개념의 발전 동향에서 본 것처럼, 에이징 인 플레이스 개념은 계속 진화 중이다. 각자 입장에 따라 같은 용어를 사용하면서도 다른 면을 논의할 수도 있다(Forsyth & Molinsky, 2021). 이에 따라 어떤 관점에서든 에이징 인 플레이스를 공통으로 이해할 수 있도록 하나의 정의가 필요하다는 주장도 제기되지만(Rogers et al., 2020), 이 개념을 둘러싼 기존 논의의 경향을 볼 때, 에이징 인 플레이스를 하나의 통일된 정의로서 적용하기는 어렵다(이윤경 외, 2017). 그것보다는 에이징 인 플레이스 개념이 어떤 맥락에서 무슨 의도로 어떻게 사용되고 있는지를 파악하고 제대로 사용하는 것이 중요하다.

이 책에서는 에이징 인 플레이스란 노인과 환경 간의 연속적인 상호 작용이 일어나는 과정으로 이해하는 시각이 필요하다고 강조한다. 또한, 사람마다 에이징 인 플레이스의 의미가 다를 수 있지만, 어떤 경우에든 에이징 인플레이스가 가능하려면 개개인이 성장하며 발달 과업을 추구할 수 있는 환경의 뒷받침이 필요하며, 인간은 그 과정에서 주도적인 역할을 하는 주인공이라는 점을 주장한다.

참고문헌

김유진(2024). 국내 에이징 인 플레이스(aging in place) 관련 연구에 관한 통합적 문헌고찰. ≪사회과학 담론과 정책≫, 17권 1호, 167~205.

김유진 · 박순미(2019). 공공형 노인복지주택 거주 노인의 특성 및 이들의 '에이징 인 플레이스'에 관한 연구. ≪사회과학 담론과 정책≫, 12권 1호, 1~34.

백옥미(2016). 노년기 거주지의 경험과 의미: 노인복지주택 거주자와 지역사회 거주자의 비교를 중심으로: 노인복지주택 거주자와 지역사회 거주자의 비교를 중심으로. ≪노인복지연구≫, 71권 4호, 267~301.

보건복지부(2023). 『노인 의료 · 돌봄 통합지원 시범사업 안내』. 보건복지부.

이승훈(2017). AIP(Aging in Place)에 대한 주관적 기대와 의미: 농촌 지역의 노인들을 중심으로: 농촌 지역의 노인들을 중심으로. ≪공공사회연구≫, 7권 1호, 135~163.

이윤경 · 강은나 · 김세진 · 변재관(2017). 『노인의 지역사회 계속 거주(Aging in Place)를 위한 장기요양제도 개편 방안』. 한국보건사회연구원.

최희정(2020). 도시 독거노인의 '지속 거주'(Aging in Place) 경험에 관한 연구 : 근거이론을 적용한 질적 연구. 연세대학교 박사 학위 논문.

Ahn, M., Kwon, H. J., & Kang, J.(2020). Supporting

aging-in-place well: Findings from a cluster analysis of the reasons for aging-in-place and perceptions of well-being. *Journal of Applied Gerontology, 39J*(1), 3~15.

Bengtson, V. L. & Settersten, R.(Eds.)(2016). *Handbook of theories of aging.* New York: Springer Publishing Company.

Bigonnesse, C. & Chaudhury, H.(2020). The landscape of "aging in place" in gerontology literature: Emergence, theoretical perspectives, and influencing factors. *Journal of Aging and Environment, 34*(3), 233~251.

Bookman, A.(2008). Innovative models of aging in place: Transforming our communities for an aging population. *Community, Work & Family, 11*(4), 419~438.

Centers for Disease Control and Prevention(2019). Healthy Places Terminology. https://www.cdc.gov/healthyplaces/terminology.htm.

Erickson, L. D., Call, V. R., & Brown, R. B.(2012). SOS—satisfied or stuck, why older rural residents stay put: Aging in place or stuck in place in rural Utah. *Rural Sociology, 77*(3), 408~434.

Forsyth, A. & Molinsky, J.(2021). What is aging in place? Confusions and contradictions. *Housing Policy debate, 31*(2), 181~196.

Graff, T. O. & Wiseman, R. F.(1978). Changing concentrations of older Americans. *Geographical Review,*

68(4), 379~393.

Hillcoat-Nallétamby, S. & Ogg, J. I. M.(2014). Moving beyond 'ageing in place': older people's dislikes about their home and neighbourhood environments as a motive for wishing to move. *Ageing & Society, 34*(10), 1771~1796.

Golant, S.(2011). The quest for residential normalcy by older adults: Relocation but one pathway. *Journal of Aging Studies, 25*(3), 193~205.

Golant, S.(2015). *Aging in the right place.* New York: Health Professions Press.

Levasseur, M., Naud, D., Presse, N., Delli-Colli, N., Boissy, P., Benoît, C., Couturier, Y., & Genesse, J. C.(2022). Aging all over the place: A multidisciplinary framework that considers place and life trajectories of older adults within their communities. *Quality in Ageing and Older Adults, 23*(3), 150~162.

Massey, D. B.(2005). *For space.* New York: Sage.

Menec, V. H., Means, R., Keating, N., Parkhurst, G., & Eales, J.(2011). Conceptualizing age-friendly communities. *Canadian Journal on Aging, 30*(3), 479~493.

Pani-Harreman, K. E., Bours, G. J., Zander, I., Kempen, G. I., & van Duren, J. M.(2021). Definitions, key themes and aspects of 'ageing in place': A scoping review. *Ageing*

& Society, 41(9), 2026～2059.

Rogers, W. A., Ramadhani, W. A., & Harris, M. T.(2020). Defining aging in place: The intersectionality of space, person, and time. *Innovation in Aging, 4*(4), 1～11.

Weil, J. & Smith, E.(2016). Revaluating aging in place: From traditional definitions to the continuum of care. *Working With Older People, 20*(4), 223～230.

Wiles, J. L., Leibing, A., Guberman, N., Reeve, J., & Allen, R. E.(2012). The meaning of "aging in place" to older people. *The gerontologist, 52*(3), 357～366.

World Health Organization(2015). World report on ageing and health. http://www.WorldHealthOrganization.int/ageing/events/world-report-2015-launch/en/2024년

02

인간-환경 정합성 개념과 에이징 인 플레이스

에이징 인 플레이스를 노인과 환경 간의 연속적 상호작용이 일어나는 과정으로 이해하는 것은 인간-환경 정합성 개념의 영향을 받은 것인데, 이는 환경노년학 분야의 주요 개념 중 하나다. 이 장에서는 환경노년학을 살펴본다. 생태학적 관점을 접목하여 노화 과정을 설명한 로턴 등의 모델을 정리하고, 그중에서도 가장 핵심이라고 할 수 있는 인간-환경 정합성 개념을 살펴본다. 마지막으로 인간-환경 정합성 개념을 통해 노년기 삶의 다양성을 이해하는 것과 이를 바탕으로 에이징 인 플레이스를 지원하는 개입의 의의를 살펴본다.

노화의 생태학적 모델

에이징 인 플레이스란 용어가 학술적 개념으로 자리 잡은 데에는 노화의 생태학적 모델(the ecology of aging)의 영향이 매우 크다고 할 수 있다. 압박-역량 모델(the press-competence model)이라고도 알려진 노화의 생태학적 모델은 심리학자 로턴과 네히모에 의해 개발되었다(Lawton & Nahemow, 1973). 로턴과 네히모는 개인의 행동을 인간과 환경의 함수로 간주해야 한다는 장이론(field theory)의 영향을 받아, 인간의 노화가 단순히 생물학적인 과정이 아니라 주변 환경과 지속적인 관계를 맺는 과정이라는 점을 강조했다. 로턴과 네히모는 각각 임상심리학자, 사회심리학자로 미국 필라델피아 지역의 노인 전용 주택과 요양병원에 사는 노인들을 정기적으로 만났다. 이들은 시설의 물리적, 사회적 환경이 노인의 기능적 역량에 미치는 영향에 대해 관찰한 결과를 바탕으로 이 모델을 발전시켰다.

노화의 생태학적 모델은 개인의 역량과 개인 주변의 환경적 압력 또는 지원이 상호 작용하여 인간의 행동과 동기, 삶의 질을 결정한다고 설명한다. 개인과 환경 간의 관계에 따라 긍정적 또는 부정적 결과가 나타나며, 개인의 역량과 환경적 특성의 고유한 조합이 개인의 최적 기능 수준을 결정한다고 본다(Lawton & Nahenow, 1973). 이 모델에서는 환경이 압박을 유발할 수도 있지만 자원을 제공할 수도 있다고 가정하며, 개개인은 신체적 · 정신적 건강 상태, 기능 면에서 다양한 특성을 지닌 존재다. 만약 어느 두 사람이 동일한 환경에 있다 하더라도, 기능과 자원 면에서 열악한 사람이 그렇지 않은 사람보다 더욱 크게 환경의 영향을 받는다고 본다.

노화의 생태학적 모델이 환경노년학 연구의 중요한 개념적 틀로 발전하게 된 것은 로턴과 네히모 외에도 카하나(Kahana, 1982), 댄포드(Danford, 1983), 카프와 카프(Carp & Carp, 1984) 같은 연구자들의 공헌 덕분이다. 로턴이 동료 학자들의 연구를 바탕으로 노화의 생태학적 모델의 초기 가설인 환경 유순성 가설(Lawton & Simon, 1968)을 수정하여 인간의 능동적 행동을 강조하는 방향으로 모델을 발전시켰기 때문이다(Lawton, 1989). 그리고 이들의 뒤를 이어 인간과 환경 간의 상호 작용과 그 결과에 관한 주요 개념들이 계속 발전하고 있다. 예를 들어, 골런트(Golant, 2015)의 주거 정상성(residential normalcy) 개념, 한스베르너 발과 프리터 랭(Wahl & Lang, 2006)의 사람-환경 소속감(P-E belonging)과 사람-환경 주체성(P-E agency)의 개념 등은 현재 환경노년학 연구의 주요 개념적 틀을 제공하고 있다(Wahl, Iwarsson, & Oswald, 2012).

환경노년학 연구의 주요 관심, 인간-환경 정합성

노화의 생태학 모델을 비롯한 환경노년학의 초점은 노인의 삶에 물리적 환경이 얼마나 큰 영향을 미치느냐를 밝히는 것에 있지 않고, 노인과 환경 간의 정합성(fit)을 설명하는 것에 있다. 인간-환경 정합성(person-environment fit)이란 개인의 특성(신체적 · 인지적 기능, 욕구와 자원 등)과 환경(가정, 지역사회 또는 더 넓은 사회적 환경)이 유발하는 장벽 또는 지원 사이의 호환성 또는 일치 정도를 의미한다(Lawton & Nahemow, 1973). 이와 같은 개념을 로턴과 네히모는 인간-환경 정합성이라고 표현했고, 카하나는 일치성(congruence)이라고 표현했는데, 어떤 표현이든 개인의 능력과 욕구, 환경의 압박 또는 지원 사이의 호환성 정도가 개인의 웰빙에 영향을 미친다는 것을 강조한다. 개인과 환경 간의 정합성이 높은 경우(good fit)에 사람은 자신감 또는 유능함을 느끼며 신체적, 심리 정서적으로도 건강할 가능성이 높다. 반면에 적합하지 않은 경우(bad fit)라면, 인간은 환경과의 상호 작용에서 스트레스, 좌절감 또는 무력감을 경험할 수 있다. 로턴과 네히모는 정합성이 낮은 상태가 지속되면 사람이 기능 저하, 건강 문제, 심지어 정신건강 악화를 겪을 수도 있다고 보았다(Lawton & Nahemow, 1973; Lawton, 1990).

인간-환경 정합성 개념은 노인이 주체성과 통제력 등을 유지하면서 에이징 인 플레이스 할 수 있도록 지원하고자 하는 어떤 종류의 개입에서도 참고할 수 있는 기본적인 개념이라고 할 수 있다. 로저스 등(Rogers et al., 2020)의 고찰에 의하면, 21세기 들어 부쩍 많아진 에이징 인 플레이스를 가능하게 하는 환경 조성 차원의 연구에서 가장 큰 비중을 차지하는 것은 물리적 환경 조성, 특히 주거환경 개선과 주거 대안에 관한 연구들이다. 그리고 대부분 이들 연구에서 인간-환경 정합성 이론을 가장 많이 활용한다(Forsyth & Molinsky, 2021). 로턴과 네히모는 인간-환경 정합성을 높이기 위해 개인 차원에서 할 일에 대해서도 논의하지만(Lawton & Nahemow, 1973), 주거환경 개선과 주거 대안 관련 연구를 포함하여 환경노년학 연구는 대부분 개인보다 환경의 역할을 강조하는 경향이 있다.

인간-환경 정합성 개념과 노년기 삶의 다양성 이해

인간-환경 정합성이라는 개념을 활용하여 노화의 다양성에 대한 이해를 넓힐 수 있다(Wahl & Oswald, 2016). 노년기는 다양한 신체적, 인지적, 사회적 변화를 경험하는 시기이며, 이러한 변화는 사람마다 크게 다를 수 있다. 건강과 기능, 사회경제적 배경, 개인적 선호, 문화적 환경 등의 다양한 요인이 생애 전반에 걸쳐 사람들이 각기 다른 방식으로 나이 들어 가는 데 영향을 미친다. 지금까지 노년기의 다양성에 관한 논의는 주로 개개인의 인구사회학적 배경에 따른 차이 또는 성별, 계층별 집단 간의 차이 수준에서 연구되었다(Holman & Walker, 2021).

인간-환경 정합성 개념에서 보듯이 성별, 연령, 소득 등의 면에서 거의 동일한 경우일지라도, 노인과 사회적 또는 물리적 환경 간의 정합성 수준 또는 크기에 따라 실제로는 상당히 다양한 경우의 수가 있다는 것을 볼 수 있다. 이런 점에서 인간-환경 정합성은 사회학 연구에서 주로 활용하는 교차성(intersectionality) 개념과 비슷하다고 볼 수도 있다. 단, 교차성 개념이 노년의 다양성을 설명하는 것에 초점을 맞추고 있다면, 인간-환경 정합성 개념은 개입의 활용에 그 초점을 둔 것이라고 볼 수 있다.

인간과 환경의 정합성에 초점을 맞추면, 환경이 노인의 삶을 어떻게 지원하거나 방해하는지 이해할 수 있으며, 그에 따라 인간-환경 정합성을 높이는 방안을 강구할 수 있기 때문이다. 또한, 비슷한 조건의 배경을 가진 사람들이 동일한 환경에서 신체적, 정신적 건강 수준이 다르고 삶의 질에 차이가 나타날 때, 어떤 점에서 정합성이 낮은지를 찾아내어 상담과 교육 등을 통해 사람 중심의 맞춤형 개입을 시도할 수도 있다. 무엇보다 이 개념은 시간이 지남에 따라 인간과 환경, 양측 모두의 변화에 따라 지속적인 조정과 적응의 시도가 필요하다는 점을 일깨워 준다.

참고문헌

Carp, F. M. & Carp, A.(1984). A complementary/congruence model of well-being or mental health for the community elderly. In *Elderly people and the environment*(pp. 279~336). Boston, MA: Springer US.

Danford, S.(1983). Dynamic reciprocal determinism: A synthetic transactional model of person-behavior-environment relations. In *Proceedings of the Fourteenth International Conference of the Environmental Design Research Association*(pp. 19~28). Washington, DC: Environmental Design Research Association.

Kahana E.(1982). A congruence model of person-environment interaction. In M. P. Lawton, B.C.Windley & T.O.Byerts(eds.), *Aging and the environment: Theoretical approaches*(pp. 97~120). New York: Garland Publishing

Forsyth, A.. & Molinsky, J.(2021). What is aging in place? Confusions and contradictions. *Housing Policy debate, 31*(2), 181~196.

Golant, S. M.(2015). Residential normalcy and the enriched coping repertoires of successfully aging older adults. *The Gerontologist, 55*(1), 70~82.

Holman, D. & Walker, A.(2021). Understanding unequal ageing: Towards a synthesis of intersectionality and life course analyses. *European Journal of Ageing, 18*(2), 239～255.

Lawton, M. P.(1990). Residential environment and self-directedness among older people. *American Psychologist, 45*(5), 638.

Lawton, M. P. & Nahemow, L.(1973). Ecology and the aging process. In C. Eisdorfer & M. P. Lawton(Eds.), *The psychology of adult development and aging*(pp. 619～674). American Psychological Association.

Rogers, W. A., Ramadhani, W. A., & Harris, M. T.(2020). Defining aging in place: The intersectionality of space, person, and time. *Innovation in Aging, 4*(4), 1～14.

Wahl, H. W., Iwarsson, S., & Oswald, F.(2012). Aging well and the environment: Toward an integrative model and research agenda for the future. *The Gerontologist, 52*(3), 306～316.

Wahl, H. W. & Lang, F. R.(2006). Psychological aging: A contextual view. In *Handbook of models for human aging*(pp. 881～895). New York: Academic Press.

Wahl, H. W. & Oswald, F.(2016). Theories of environmental gerontology: Old and new avenues for person-environmental views of aging. In V. L. Bengston & R. Settersten(eds.), *Handbook of theories of aging*(pp.621～641), New York: Springer Springer Publishing Company.

03

에이징 인 플레이스 전략과 SOC 모델의 적용

노인은 환경 변화에 일방적으로 영향을 받거나, 외부 지원을 받기만 하는 수동적인 존재가 아니다. 노인은 자신의 에이징 인 플레이스 경험 형성에 적극적인 역할을 한다. 신체적·인지적 기능 저하를 수용하고, 노년기에 마주하는 여러 가지 도전적인 상황을 조율하며, 자율성과 독립성, 존엄성을 유지하기 위해 할 수 있는 일을 해 나간다. 이는 노년기 발달 과업이라고 할 수 있으며, 에이징 인 플레이스 여정의 일부다. 이 장에서는 노인이 자기 삶의 주체로서 에이징 인 플레이스 과정에 어떻게 참여하고 경험하는지를 중심으로 노년기의 적응과 회복탄력성에 대해 살펴본다. 이와 함께 보완을 통한 선택적 최적화 모델과 에이징 인 플레이스의 활용 방안을 살펴본다.

적응과 타협, 회복탄력적 일상의 연속으로서 에이징 인 플레이스

노인의 에이징 인 플레이스 경험에 관한 질적 연구를 체계적 고찰 방법으로 분석한 연구에 의하면, 노인의 에이징 인 플레이스 경험은 계속해서 변해 가는 것들에 적응하고 타협하는 과정이다(김유진, 2024; Rosenwohl-Mack et al., 2020). 노인들은 질병과 노쇠함을 참아 내며, 여러 가지 불편함과 외로움 속에서 타협적 자유로움을 최대한 누리고, 주변 자원과 정보 등 필요한 것을 적극적으로 찾아 이용하며, 삶의 통제력을 유지하려고 애쓴다(우국희, 2017; 이승훈, 2017; 최희정, 2020).

한편, 에이징 인 플레이스의 경험을 회복탄력성의 관점에서 살펴볼 수도 있다. 스태포드와 굴와디(Stafford & Gulwadi, 2020)는 이부자리를 개는 일부터 보행기에 기대어 방 안을 걸으며 근력을 유지하려는 일까지, 초고령 노인의 일상이 작은 도전과 극복으로 채워지는 모습을 묘사하기 위해 거주 회복탄력성(habitational resilience)이란 개념을 제안했다. 특정한 외상적 사건이 아닌 평범한 일상에서도 회복탄력적인 대처가 필요한 노년의 삶을 연구하며, 회복탄력성의 의미를 확장한 것이다.

골런트(Golant, 2015)는 주거 정상 상태(residential normalcy)와 같은 개념을 통해 자신의 기능과 주거환경 간의 불일치가 커질 때, 즉 인간-환경 정합성 개념의 관점에 의하면 정합성이 낮을 때(bad fit), 노인들이 어떻게 대처하며 적응해 나가는지를 설명한다. 골런트에 의하면, 노인들은 동화적 대처 전략(주거환경 개조 또는 주거지 이동 등)과 수용적 대처 전략(기대치를 낮추거나 합리화를 하면서 주거환경에 대한 자기 생각을 바꾸는 것 등) 등을 사용하며 주거 정상 상태를 유지하려고 노력하는 주체다. 그리고 다양한 대처 전략을 활용하는 노인이 더욱 회복력이 강하고 자율성을 유지하는 경향이 있다(Golant, 2015; Stafford & Gulwadi, 2020; Wiles et al., 2019).

적응과 회복탄력성 관점에서 본 노화와 노인의 의미

앞에서 살펴본 내용을 통해 잘 나이 들어 가는 것(aging well) 또는 성공적 노화(successful aging)란 어떤 의미인지 생각해 볼 수 있다. 로와 칸(Rowe & Kahn, 1997)의 성공적 노화의 관점에서 보면, 이러한 연구들에 참여한 노인들은 성공적 노화와는 거리가 멀다. 이들은 질병과 장애가 있고, 신체적 · 인지적 기능 수준도 높지 않으며, 사회 활동에 적극적으로 참여하고 있지 않기 때문이다. 그러나 이들은 자신의 삶을 적극적으로 살아 내고 있다. 노인들은 지나온 삶의 연륜과 지혜를 통해 감정 조절과 스트레스 관리에 더 능숙해졌고, 주변의 상황을 효율적으로 관리하는 삶의 기술이 더욱 탄탄해졌다. 이들은 중복합 만성 질환을 비롯하여 여러 가지 크고 작은 어려움과 상실로 인한 삶의 역경을 헤쳐 나가며 회복탄력성을 발휘하는 존재다.

이와 같은 논의를 바탕으로, 노화는 단순히 쇠퇴와 기능 감소 또는 상실에 관한 것이 아니라 적응과 성장에 관한 것이라고 정의할 수 있다(O'Hanlon & Coleman, 2008). 그리고 노인을 이렇게도 정의할 수 있다. 노인은 노화에 따른 여러 가지 상실을 수용하면서도, 주어진 능력에 적합한 활동을 선택하고, 잔존능력을 개발하며, 여러 가지 도움을 받아 상실한 바를 보완하며 자기 삶을 살아가는 사람이다(김유진 · 박순미 · 오준혁, 2023). 이와 같은 정의는 발달심리학자 발테스와 발테스(Baltes & Baltes, 1990)의 목소리를 빌린 것이다.

성공적 노화의 전략으로서 SOC 모델에 대한 이해

보완을 통한 선택적 최적화 모델 또는 선택 · 최적화 · 보완(the Selective Optimization with Compensation, SOC) 모델은 전 생애에 걸쳐 누구나 경험하게 되는 적응 과정을 설명하는 이론이다(Baltes & Baltes, 1990). 이 모델에 의하면, 인생의 어느 시기보다 노년기의 사람은 보완을 통한 선택적 최적화 전략(이하 SOC 전략)을 잘 구사할 필요가 있다. 사람은 나이가 들수록 이득보다 손실의 경험을 하게 될 경향이 크기 때문이다. 나이가 들면서 신체적 또는 인지적 기능이 제한됨에 따라 새로운 적응의 과정이 필요할 수 있고, 사회적 · 환경적 변화에 대응하기 위해 적응 과정이 필요할 수 있기 때문이다. 그리고 노년기의 적응 과정은 우선순위의 변화로 인해 다른 연령대의 적응과는 다를 수도 있기 때문이다(Baltes & Baltes, 1990; Baltes & Carstensen, 1996; Freund & Baltes, 2007).

SOC 전략의 핵심은 자원과 능력을 최적화하는 동시에 노화 과정에서 발생할 수 있는 제한이나 손실을 보완하는 것에 있다. 선택(S)이란 개인이 원하는 바 또는 목표의 우선순위를 정하는 것을 말하며, 최적화(O)란 목표 달성을 위해 필요한 것을 확보하거나 선택한 것을 잘해 내는 것을 의미하고, 보완(C)은 기능 저하나 상실을 보완할 목적으로 새로운 기능을 개발하거나 대체 방안을 활용하는 것을 의미한다.

이 모델에 의하면, 성공적인 노년을 보내는 노인은 SOC 전략을 적절히 구사한다. 상실과 기능 저하를 겪는 상황에 눌리지 않고, 현재 보존하고 있는 능력을 최적화하며, 적절하게 보완 방법을 활용하는 것이 성공적인 노화의 특성이다(Baltes & Freund, 2007). SOC 전략을 적절히 구사할수록 노인의 삶의 만족이 높게 나타나는데, 자원이 많은 노인이 그렇지 못한 노인들보다 SOC 전략을 더 많이 사용한다(Freund, 2008).

SOC 모델을 활용한 에이징 인 플레이스 지원

인간-환경 정합성 개념과 마찬가지로 SOC 모델에서도 인간과 환경 간의 상호 작용의 결과를 중요하게 취급한다. SOC 모델은 다음과 같은 차원에서 에이징 인 플레이스의 논의를 더 깊이 있게 한다. 첫째, SOC 모델을 통해 에이징 인 플레이스의 주체로서 노인의 적응 행동과 과정에 대해 깊이 있는 탐색이 가능할 수 있다. 둘째, 돌봄 서비스 제공을 위한 욕구 사정, 노인 대상 교육과 상담 시에도 SOC 전략을 활용하여 개입 방법을 설계할 수 있다. SOC 전략은 개인적으로 중요하거나 의미 있는 활동에 시간 및 에너지를 할당하기 위해 의식적인 선택을 하고, 우선순위를 설정하며, 다양한 보완 전략을 갖추는 것의 유용함에 관한 개념적 틀을 제공하기 때문이다. 셋째, 에이징 인 플레이스 지원을 위한 정책과 제도 수립 시에도 SOC 전략을 기본 틀로 사용할 수 있다. IoT 기술을 비롯한 보조 기술, 돌봄 서비스, 서비스 지원 주택, 사회 참여를 촉진하는 환경 조성 등은 노인의 에이징 인 플레이스를 지원하는 보완 기제들이다. 고령자가 자신의 선호와 상황에 맞추어 적절한 방안을 활용하여 안전하고 자립적이며 자율적인 노년의 삶을 살 수 있도록 사회는 다양한 보완책을 마련해야 한다.

폴과 마거릿 발테스(Baltes & Baltes, 1990:8)가 언급했듯이, "최적의 노화란 … 발달을 촉진하는 환경 그리고 고령 친화적인 환경에서 노화하는 것을 의미한다(optimal aging refers to … aging under development-enhancing and age-friendly environmental conditions)."

참고문헌

김유진(2024). 국내 에이징 인 플레이스(aging in place) 관련 연구에 관한 통합적 문헌고찰. ≪사회과학 담론과 정책≫, 17권 1호, 167~205.

김유진 · 박순미 · 오준혁(2023). 『노인맞춤돌봄 서비스 종사자 직무역량분석 연구』. 독거노인종합지원센터 · 경북대학교 산학협력단.

우국희(2017). 섬 지역 고령자의 장소경험과 의미: Aging in place 는 가능한가?. ≪비판사회정책≫, 54권, 260~304.

이승훈(2017). AIP(Aging in Place)에 대한 주관적 기대와 의미: 농촌 지역의 노인들을 중심으로: 농촌 지역의 노인들을 중심으로. ≪공공사회연구≫, 7권 1호, 135~163.

최희정(2020). 도시 독거노인의 '지속 거주'(Aging in Place) 경험에 관한 연구 : 근거이론을 적용한 질적 연구. 연세대학교 박사 학위 논문.

Baltes P. B. & Baltes M. M.(1990). Psychological perspectives on successful aging: The model of selective optimization with compensation. In Baltes P. B., Baltes M. M.(Eds.), *Successful aging: Perspectives from the behavioral sciences*(pp. 1~34). New York, NY: Cambridge University Press.

Baltes, M. M. & Carstensen, L. L.(1996). The process of successful ageing. *Ageing & Society, 16*(4), 397~422.

Freund, A. M.(2008). Successful aging as management of resources: The role of selection, optimization, and compensation. *Research in Human Development, 5*(2), 94∼106.

Freund, A. M. & Baltes, P. B.(2007). Toward a theory of successful aging: Selection, optimization, and compensation. In R. Fernández-Ballesteros(Ed.), *Geropsychology: European perspectives for an aging world*(pp. 239∼254). Hogrefe & Huber Publishers.

Golant, S. M.(2015). Residential normalcy and the enriched coping repertoires of successfully aging older adults. *The Gerontologist, 55*(1), 70∼82.

O'Hanlon A. & Coleman P.(2008). Attitudes towards aging: Adaptation, development and growth into later years. In Nussbaum J. F., Coupland J.(Eds.), *Handbook of communication and aging research*(2nd ed., pp. 31∼67). New York, NY: Routledge.

Rowe J. W. & Kahn R. L.(1997). Successful aging. *The Gerontologist,* 37, 433∼440.

Rosenwohl-Mack, A., Schumacher, K., Fang, M. L., & Fukuoka, Y.(2020). A new conceptual model of experiences of aging in place in the United States: Results of a systematic review and meta-ethnography of qualitative studies. *International Journal of Nursing Studies,*

103, 1～21.

Stafford, G. E. & Gulwadi, G. B.(2020). Exploring aging in place inquiry through the lens of resilience theory. *Housing and Society, 47*(1), 42～62.

Wiles, J., Miskelly, P., Stewart, O., Kerse, N., Rolleston, A., & Gott, M.(2019). Challenged but not threatened: Managing health in advanced age. *Social Science & Medicine,* 227, 104～110.

04

사회구조적인 불평등과 에이징 인 플레이스

현재 정책뿐 아니라 많은 연구에서 에이징 인 플레이스를 정책 목표로 언급하지만, 정작 그 실제는 안전하지 않고 고립된 삶일 수도 있다. 살아온 곳에서 계속 노년을 보내는 것은 선택의 여지가 없기 때문이거나 외부와의 교류 없이 집 안에 칩거하는 것인 경우도 많다. 사회적 배제와 소외가 에이징 인 플레이스 경험의 일부이기도 하다. 이는 사회구조적 불평등의 영향이다. 이 장에서는 열악하고 위험하기도 한 에이징 인 플레이스의 또 다른 면을 살펴보고, 사회구조적 불평등이 어떻게 노인의 에이징 인 플레이스 경험에 영향을 미치는지 논한다. 마지막으로 비판노년학 관점을 활용하여 에이징 인 플레이스 논의의 지평을 넓히는 방안을 살펴본다.

에이징 인 플레이스의 또 다른 실제

우리 사회에는 쪽방이나 여인숙과 같은 곳에 사는 노인들도 있고, 재개발 추진이 멈춘 지역의 전기와 수도가 끊긴 집에서 사는 노인들도 있다(Means, 2007). 불안정한 주거 문제뿐 아니라 열악한 주거환경에 따른 주택 관련 장애(housing-related disabilities)가 심해면서 건강과 기능이 악화하는 노인들도 있다(Kim, 2018; Salkin, 2009). 또한, 다른 대안이 없어서 어쩔 수 없이 살던 곳에서 살 수밖에 없는(stuck in place) 노인들도 있고(Strohschein, 2012; Torres-Gil & Hofland, 2012), 집안에서 고립된 채 살다가 고독사로 발견되는 노인들도 있다(김유진, 2018). 이처럼 에이징 인 플레이스의 실제는 불안정할 뿐 아니라, 안전과 거리가 멀고, 고립된 삶일 수도 있다(김유진, 2016; Means, 2007).

주택뿐 아니라 지역사회의 환경도 노인의 삶의 질에 매우 큰 영향을 미친다. 인도와 대중교통의 접근성, 도보로 쉽게 접근할 수 있는 병원과 시장, 낮은 범죄율 등은 모두 노인의 활발한 사회적 활동의 유지와 독립적인 삶의 영위에 필요한 요소들이다(Gardner, 2011). 그러나 저소득층 노인의 밀집 거주 지역일수록 이와 같은 환경을 기대하기가 쉽지 않다(이희연 · 이다예 · 유재성, 2015). 노인이 안전하다고 느끼기 어려운 동네에서 노후를 보낸다는 것은 일상에서 자잘하게 위협적인 사건을 마주하는 삶일 수도 있고, 지역과 유리된 채 소외와 사회적 배제의 삶을 사는 것일 수도 있다(Phillips, Walford, & Hockey, 2011).

축적된 불평등: 사회경제적 지위에 따른 에이징 인 플레이스 '능력'의 차이

사회경제적 지위가 높은 고령자 또는 자원이 풍부한 노인은 어디에서 무엇을 하며 노년기를 보낼 것인지 자신이 선호하는 대로 주체적인 결정을 내릴 수 있다. 또한, 그는 노년의 삶에서 매우 중요한 요소인 삶에 대한 통제력, 자율성, 사회적 참여의 기회 등을 사회경제적 지위가 낮은 고령자보다 더욱더 크게 행사할 수 있다(Holman & Walker, 2021). 성별, 학력, 소득과 같은 사회경제적 특성이 자원에 대한 접근과 이용성, 삶의 질을 좌우한다(Abramson, 2016). 이처럼 개개인의 사회경제적 특성은 건강의 사회적 결정 요인(social determinants of health)과 밀접한 관계가 있는데, 불평등한 사회일수록 개인과 집단의 건강에 영향을 미치는 사회경제적 요인인 안전한 주택, 보건의료 서비스 등의 사회적 지원의 자원 분배가 공평하지 않다(Holman & Walker, 2021; Northwood et al., 2018).

노년의 건강을 유지하는 데 필수적인 건강한 식생활과 규칙적인 운동 등의 개인적 생활 습관도 그 사람의 사회경제적 조건에 크게 영향을 받는다. 생애 초기 때부터 교육과 의료 서비스의 접근성이 좋은 환경에서 살아온 사람은 노년기에 더 나은 사회경제적 위치와 더 건강한 삶을 살게 될 확률이 높지만, 열악한 환경에서 아동기를 보낸 사람은 상대적으로 그럴 가능성이 크지 않다(장은하 · 박하은 · 홍석호, 2021; Berkman & Soh, 2017). 사회적 결정 요인으로 인해 자원이 부족한 사람은 질병과 장애, 조기 사망에 더 많이 노출될 수 있다(Berkman & Soh, 2017). 생애 전반에 걸쳐 누적된 건강 불평등뿐 아니라 의료 및 지원 서비스에 대한 접근성의 차이가 크기 때문이다.

이처럼 사회경제적 불평등이 고령자의 에이징 인 플레이스에 미치는 영향을 이해하며 관련 논의에 더욱 신중하게 접근할 필요가 있다. 건강과 자원의 불평등한 분배, 축적된 불이익이 노년기의 삶을 살아 낼 수 있는 개개인의 능력, 자율성을 행사할 기회, 자신에게 필요한 주택과 돌봄 서비스 등을 선택하고 이용할 수 있는 것에 이르기까지 영향을 미치기 때문이다.

비판노년학 관점으로 에이징 인 플레이스 접근하기

비판노년학(critical gerontology)이란 비판 이론을 적용하여 노년학 관련 연구를 하는 학문 분야다(Lynott & Lynott, 2002). 좁은 의미에서 비판 이론은 카를 마르크스의 전통을 계승한 프랑크푸르트학파 철학자와 사회 이론가들의 작업을 가리킨다. 비판노년학에서는 사회의 갈등과 모순, 전반적인 사회 경향에 대한 경험적 분석과 관점을 통합하여 사회의 비판과 변혁을 목표로 하는 제반 이론들을 포괄적으로 다룬다(Doheny & Jones, 2021). 앞에서 본 것과 같은 생애주기 관점, 축적된 불평등 이론(cumulative inequality theory) 등이 넓은 의미의 비판 이론으로 볼 수 있다.

인구의 고령화뿐 아니라 정치 · 경제적 위기가 지속되는 속에 1970~1980년대 유럽과 북미 등에서 사회복지 프로그램의 예산과 지출을 삭감하고, 보건의료 서비스의 범위를 축소하는 일들이 진행되었다. 비판노년학은 이런 시대적 배경에서 정책의 변화가 노인의 삶의 질에 심각한 영향을 미치는 것과 그 밑바탕에는 노인을 사회의 부담으로 바라보는 시각이 있다는 점을 비판하며 출현한 학문 사조다(Bernard & Scharf, 2007).

비판노년학에서는 사회정치적 이데올로기에 의해 노인과 노화에 대한 인식이 사회적으로 구성되며, 이에 따라 집단 간의 권력 불균형과 불평등이 조성된다고 주장한다(Minkler & Estes, 2020). 그리고 사회구조적, 정치적 문제로 인해 어느 생애주기보다 노년기에 인구사회학적 특성에 따라 삶의 격차가 더욱 크게 벌어진다고 주장한다. 특히, 소외된 집단의 노인이 차별과 사회적 배제에 더욱 취약한 것을 지적한다(Minkler & Estes, 2020).

기능주의적, 생의학적 관점과 달리 비판노년학에서는 노인 인구가 사회의 부담이 된다는 신념에 의문을 제기하며, 오히려 사회가 노인을 쇠퇴하는 존재로 규정하고 나이에 따른 은퇴 제도 등을 통해 고령자들을 의존적인 존재로 만들었다고 비판한다. 또한, 사회가 여러 장치를 통해 개개인은 자신의 삶을 책임져야 할 책무가 있다는 메시지를 공공연히 심고 있다고 비판한다. 비판노년학자들에 의하면, 제3시기의 독립성과 생산성을 강조하는 담론, 로와 칸 식의 성공적 노화 담론, 최근 블라고스클로니(Blagosklonny, 2007)가 만든 용어인 저속 노화(slow aging) 개념에 이르기까지 기능주의적, 생의학적 관점의 영향이 부지불식간에 우리 사회에 깊숙이 자리 잡았다(Katz & Calasanti, 2015). 그 폐해는 매우 광범위하다. 고령 인구 증가와 함께 나타난 연령주의가 더욱 심화할 수 있기 때문이다.

비판노년학의 목표는 이와 같은 현상을 비판하는 것에만 있지 않고, 그러한 사회구조와 사람들의 인식을 변화시키는 것에 있다(Doheny & Jones, 2021; Minkler & Estes, 2020). 비판노년학은 노화를 이해하는 방식, 노년의 삶을 형성하는 방식을 변화시키고자 한다. 또한 고령자의 건강과 삶의 질, 권한 부여를 보장하고, 사회적 불평등을 개선하는 것을 목표로 한다(Minkler & Estes, 2020). 생애주기의 영향을 깊이 이해하고 있는 만큼, 사회 전반에 걸쳐 사회정의와 형평성의 가치에 기반하여 포괄적인 방식으로 변화가 이루어져야 한다고 주장한다(Doheny & Jones, 2021).

이상에서 살펴본 비판노년학 관점을 활용하여 에이징 인 플레이스 논의의 지평을 다음과 같이 넓힐 수 있다. 첫째, 1장에서 살펴본 것처럼 정책과 제도, 또는 학술 연구에서 어떤 의도와 맥락에서 에이징 인 플레이스라는 개념을 논의하는 것인지를 분별하는 데 도움이 된다. 둘째, 사회적 제도와 인식, 축적된 불평등이 노년의 삶에 미치는 영향을 이해할 수 있다. 이러한 영향은 노인의 건강과 기능, 사회적 자원망뿐 아니라 이들이 자신의 상황을 어떻게 인식하며 살아가는지, 그리고 어떻게 죽는지에 이르기까지 모든 것에 영향을 미친다. 셋째, 에이징 인 플레이스 지원 정책과 제도는 노년의 불평등을 완화하는 데 도움이 되는 것에 더욱 관심을 두어야 하고, 노인의 자율성과 선택권을 지원하는 방향이어야 한다는 점을 강조할 수 있다. 넷째, 비판노년학 관점을 기반으로, 노인을 바라보는 사회의 시각 및 노인의 사회 참여 방식의 전환이 필요하다는 주장에 동참할 수 있다. 에이징 인 플레이스 담론 형성에 노인의 적극적인 참여가 필요하다.

참고문헌

김유진(2016). [노인의 집] 을 중심으로 살펴본 도시지역 저소득 독거노인의 주거안정 개입에 관한 사례연구: 우리는 앞으로 어떤 논의가 필요한가?. ≪보건사회연구≫, 36권 4호, 187~220.

김유진(2018). [독거노인 친구만들기] 를 통해 살펴본 '숨겨진 이웃', 사회적 고립이 심각한 노인 1인 가구에 대한 사회복지사의 인식과 경험에 관한 연구. ≪한국노년학≫, 38권 4호, 1149~1171.

이희연 · 이다예 · 유재성(2015). 저소득층 노인 밀집지구의 시 · 공간 분포와 근린환경 특성: 서울시를 사례로: 서울시를 사례로. ≪서울도시연구≫, 16권 2호, 1~18.

장은하 · 박하은 · 홍석호(2021). 한국의 중 · 고령자를 대상으로 누적적 이익 불이익 이론을 활용한 연구에 대한 체계적 문헌고찰. ≪한국노년학≫, 41권 6호, 997~1018.

Abramson, C. M.(2016). Unequal aging: Lessons from inequality's end game. *Public Policy & Aging Report, 26*(2), 68~72.

Berkman, L. F. & Soh, Y.(2017). Social determinants of health at older ages: the long arm of early and middle adulthood. *Perspectives in Biology and Medicine, 60*(4), 595~606.

Bernard, M. & Scharf, T.(2007). *Critical Perspectives on Ageing*

Societies. Bristol, UK: Policy Press.

Blagosklonny, M. V.(2007). Paradoxes of aging. *Cell Cycle, 6*(24), 2997～3003.

Doheny, S. & Jones, I. R.(2021). What's so critical about it? An analysis of critique within different strands of critical gerontology. *Ageing & Society, 41*(10), 2314～2334.

Gardner, P. J.(2011). Natural neighborhood networks—Important social networks in the lives of older adults aging in place. *Journal of Aging Studies, 25*(3), 263～271.

Holman, D. & Walker, A.(2021). Understanding unequal ageing: towards a synthesis of intersectionality and life course analyses. *European Journal of Ageing, 18*(2), 239～255.

Katz, S. & Calasanti, T.(2015). Critical perspectives on successful aging: Does it "appeal more than it illuminates"?. *The Gerontologist, 55*(1), 26～33.

Kim, Y.(2018). How do low-income older women experience living in congregate housing? A qualitative study of housing welfare intervention for older adults living alone in South Korea. *Asia Pacific Journal of Social Work and Development, 28*(1), 15～26.

Lynott, R. J. & Lynott, P. P.(2002). Critical gerontology. Encyclopedia of Aging.

Means, R.(2007). Safe as houses? Ageing in place and vulnerable older people in the UK. *Social Policy & Administration, 41*(1), 65～85.

Minkler, M. & Estes, C.(2020). *Critical perspectives on aging: The political and moral economy of growing old.* Amityville, NY: Baywood.

Northwood, M., Ploeg, J., Markle-Reid, M., & Sherifali, D.(2018). Integrative review of the social determinants of health in older adults with multimorbidity. *Journal of Advanced Nursing, 74*(1), 45～60.

Phillips, J., Walford, N., & Hockey, A.(2011). How do unfamiliar environments convey meaning to older people? Urban dimensions of placelessness and attachment. *International Journal of Ageing and Later Life, 6*(2), 73～102.

Salkin, P.(2009). A quiet crisis in America: Meeting the affordable housing needs of the invisible low income healthy seniors. *Georgetown Journal on Poverty Law Policy,* 15, 285～314.

Strohschein, L.(2012). I want to move, but cannot: Characteristics of involuntary stayers and associations with health among Canadian seniors. *Journal of Aging and Health, 24*(5), 735～751.

Torres-Gil, F. & Hofland, B.(2012). Vulnerable populations.

In H. Cisneros, M. Dyer-Chamberlain & J. Hickie(Eds.), *Independent for life: Homes and neighborhoods for an aging America*(pp. 221~232). Austin: University of Texas Press.

05

에이징 인 플레이스 정책의 목표

이 장에서는 에이징 인 플레이스 지원의 목표를 살펴본다. 현행 정책과 제도가 명시하는 에이징 인 플레이스 지원의 목표와 한계를 정리하고, 새로운 목표를 제안한다. 1~4장에서 살펴본 에이징 인 플레이스의 개념적 틀을 바탕으로 에이징 인 플레이스 지원 정책의 목표를 노인과 환경 간 상호 작용의 질을 높이는 것에 두어야 한다는 것을 제안한다. 생태학적 모델과 사회복지 개입의 세 가지 수준이라는 틀을 활용하여 각각 거시적, 중시적, 미시적 차원에서 노인과 환경 간 정합성을 높이는 것의 의미를 살펴본다. 각 차원의 과제가 환경노년학, 발달심리학, 비판노년학 관점의 영향을 받은 것을 볼 수 있다.

현행 정책 목표의 문제점과 한계

세계보건기구와 한국보건사회연구원이 에이징 인 플레이스 지원의 목표를 어떻게 정의하는지 살펴볼 필요가 있다. 이와 같은 주요 기관의 정의는 중앙정부를 비롯하여 공공 영역에서 추진하는 고령화 관련 정책과 제도의 방향을 제시하기 때문이다.

세계보건기구는『노인을 위한 지역사회 의료 및 서비스 용어 안내서』에서 에이징 인 플레이스 정책의 목표를 "적절한 서비스와 도움 제공을 통해 사람들이 자신의 현재 집 또는 적절한 수준의 주택에서 살 수 있게 하는 것"(WHO, 2004:9)이라고 정의했다. 한국보건사회연구원의 보고서에서는 에이징 인 플레이스, 특히 일상생활 수행 제한 노인을 위한 에이징 인 플레이스의 목표를 "노인이 거주하기를 희망하는 집 또는 장소에서 거주하면서 친숙한 사람들과 관계를 유지하면서 적절한 지원과 보호를 받으며 생활하고, 좋은 죽음(well-dying)을 맞이하는 것"(이윤경 외, 2017:170)이라고 제안한다.

이와 같은 목표 설정은 에이징 인 플레이스를 위해 사회가 갖춰야 할 정책과 제도의 방향을 제시하는 점에서 큰 의의가 있지만, 크게 두 가지 면에서 아쉬운 점을 지적할 수 있다. 첫째, 에이징 인 플레이스를 시설보호와 반대되는 개념으로 규정하는 면이 있고, 둘째, 노인을 수동적인 서비스 이용자로 그리고 있다는 점이다. 에이징 인 플레이스 정책의 목표가 이와 같은 식이기 때문에, 관련 연구에서도 다음과 같은 경향이 나타난다.

통합적 문헌 고찰 방법으로 국내 에이징 인 플레이스 관련 연구를 분석한 연구에 의하면(김유진, 2024), 대부분의 양적 연구 방법을 활용한 연구에서는 노인이 살던 거주지(역)에서 계속해서 거주하고자 하는 의사와 선호 관련 요인을 파악하는 내용이 주를 이루고 있었다. 1장에서 살펴본 것처럼 에이징 인 플레이스의 개념 정의가 확장되었지만, 연구자들은 여전히 고령자가 한 곳에서 지속해서 사는 것에 초점을 두고 에이징 인 플레이스 주제를 연구하는 것이다. 삶의 연속성과 안정성, 익숙함의 의미를 담기 위해 거주의 연속성을 중요하게 보는 것이라고 할 수도 있지만, 그보다는 마치 그 자리에서 계속 사는지 또는 아닌지에 연구의 초점을 맞추고 있었다.

한편, 질적 연구 방법을 통해 노인 당사자의 에이징 인 플레이스 경험을 탐색한 연구들은 주요 결과로 에이징 인 플레이스를 가능하게 하는 것에 관한 내용을 제시하고 있었다. 연구들에 의하면, 노인의 에이징 인 플레이스에 도움이 되는 것은 노인의 삶을 존중하는 태도, 가족의 도움과 지지, 서로 의지하고 살아갈 수 있는 공동체, 삶의 의미와 자아 정체성 유지를 도와주는 일거리, 재가 돌봄과 의료 서비스, 안전한 주거환경, 노인복지주택과 같은 주거지에서의 삶 등이다. 모두 환경 차원의 내용인 것을 볼 수 있다. 노인 당사자의 인식과 경험을 중요한 분석의 단위로 삼는 연구에서도 노인을 환경의 영향을 받는 수동적인 상황에 처한 사람으로 보는 경향이 있는 것이다.

새로운 목표 제안

에이징 인 플레이스를 지원하는 정책의 목표는 단순히 제도와 서비스를 갖추는 것이 아니라 노인과 환경 간의 상호작용 질을 높이는 것, 즉 정합성을 증진하는 것에 두어야 한다(김유진, 2022). 제도가 있어도 서비스 접근성이 낮거나 노인의 욕구와 맞지 않는다면, 그러한 제도나 서비스가 에이징 인 플레이스에 미치는 영향은 크지 않을 수 있다(김수영 · 문경주 · 오찬옥, 2015; 이선영 · 박상희, 2020). 그리고 노인과 환경 간의 정합성(fit)을 높이는 차원에서라도 행위자로서 노인에 대해 관심을 기울일 필요가 있다. 노인은 개인과 환경 간의 정합성을 함께 만들어 가는 존재이기 때문이다(Wahl, 2018).

그렇다면, 노인과 환경 간의 정합성을 높이는 정책과 제도란 무엇을 의미하는가? 이에 관한 구체적인 논의는 6~10장에서 보도록 하고, 여기서는 브론펜브레너의 생태학적 모델을 일부 차용하여 거시적 차원, 중시적 차원, 미시적 차원에서 인간-환경 정합성을 맞춘다는 것의 의미를 살펴보도록 한다.

브론펜브레너의 생태학적 모델은 체계적 시각을 접목하여 인간과 환경의 상호 작용과 그에 따른 인간의 발달을 설명한다. 즉, 가족 등의 미시 체계에서부터 관습과 이데올로기 등의 거시 체계까지의 환경 체계, 시간의 흐름에 따른 사회문화적 변화와 개인의 생애사 등의 시간 체계에 이르기까지 인간의 발달에는 상호 연결된 일련의 환경적 요인이 영향을 미친다는 것이다(Bronfenbrenner, 1994). 이 관점은 이렇게 복잡한 환경이 인간에게 미치는 영향에 관해 설명하는 데 중점을 두고 있지만, 브론펜브레너는 인간은 수동적으로 환경의 영향을 받는 자가 아니고 환경을 재구성하며 살아가는 역동적인 실체라고 했다.

브론펜브레너의 생태 체계 관점을 일부 빌렸다는 것은 여기서는 그의 용어를 다르게 사용하기 때문이다. 브론펜브레너는 미시 체계를 사람을 둘러싸고 있는 가족, 친구 등 그에게 직접적 영향을 미치는 것들로 봤으나, 이 책에서 가리키는 미시 체계란 노인 당사자를 말한다.

거시적, 중시적, 미시적 차원에서 인간-환경 정합성을 증진한다는 것의 의미

1장에서 언급한 것처럼, 에이징 인 플레이스의 실현 가능성은 개개인이 성장하고 자신의 발달 과업을 추구할 수 있는 환경의 영향을 받는다. 거시적 차원에서 인간-환경 정합성을 증진한다는 것은 바로 사회가 노인의 욕구와 발달 과업을 인식하며, 고령자의 삶의 질을 개선할 수 있는 구조적 역량을 갖추는 것을 말한다. 노인에 대한 인식 개선을 포함하여 노인과 노화를 자연스러운 생의 일부로 포용하는 것, 고령 친화적 환경을 조성하는 것, 사회구조적 불평등을 줄이려는 노력 등이 거시적 차원에서 이루어져야 할 일이다. 발테스와 발테스 방식으로 정리하자면, 노인이 보완을 통한 선택적 최적화를 할 수 있는 방안을 다양하게 제공하는 사회가 인간-환경 정합성이 높은 사회다.

둘째, 중시적 차원에서 인간-환경 정합성을 높이는 것

은 지역의 문제해결 역량과 사회적 자본의 확장과 관련 있다. 노인이 홀로 에이징 인 플레이스 하지 않는 곳, 즉 가족과 이웃, 동네가 함께 협력하고 어울리며 나이 들어 가는 지역 공동체가 있는 곳이 인간-환경 정합성이 높은 지역사회다.

셋째, 노인 스스로도 자신의 회복탄력성을 강화하는 삶의 관리 전략을 갖출 필요가 있다. 이것이 미시적 차원에서 인간-환경 정합성을 높이기 위해 할 일이다. 신자유주의적 사고에 따라 각자도생 차원에서 개개인의 회복탄력성 강화가 필요하다고 말하는 게 아니다. 회복탄력성은 단순히 개인의 특성이나 자질에 관한 것이 아니기 때문이다(Ungar, 2011). 루타(Luthar, 2006)의 말처럼, 회복탄력성은 근본적으로 관계에 달려 있다. 회복탄력성은 소속감, 안정감, 유능감을 느끼는 주변 환경과의 관계 속에서 피어난다. 크고 작은 역경 속에서도 오뚜기처럼 다시 일어서는 능력은 자신의 힘으로 만들어 내는 것이 아니고 상호 의존적인 관계에서 발달한다(Luthar, 2006; Wright & Masten, 2014).

노인이 회복탄력성을 발휘하려면, 그의 삶에 상호 의존적인 관계가 적절히 뒷받침되어야 한다. 중시적, 거시적 차원에서 인간-환경 정합성을 높이는 일이 이루어지면, 노인의 회복탄력성 증진에도 긍정적인 영향을 미칠 것이다. 노인도 에이징 인 플레이스의 주체로서 개인-환경 정합성을 높이는 일에 주도적으로 참여해야 한다.

참고문헌

김수영 · 문경주 · 오찬옥(2015). 고령화 지역의 Aging in Place에 영향을 주는 조건분석을 통한 정책방향 탐색. ≪지역사회연구≫, 23권 2호, 137~164.

김유진(2022). [노인맞춤돌봄서비스] 전담사회복지사의 경험을 통해 살펴본 에이징 인 플레이스 지원 사례관리의 어려움과 딜레마. ≪사회과학 담론과 정책≫, 15권 1호, 65~103.

김유진(2024). 국내 에이징 인 플레이스(aging in place) 관련 연구에 관한 통합적 문헌고찰. ≪사회과학 담론과 정책≫, 17권 1호, 167~205.

이선영 · 박상희(2020). 노인의 고령친화환경에 대한 인식이 정주의식에 미치는 영향에 관한 연구. ≪GRI 연구논총≫, 22권 2호, 201~223.

이윤경 · 강은나 · 김세진 · 변재관(2017). 『노인의 지역사회 계속 거주(Aging in Place)를 위한 장기요양제도 개편 방안』. 한국보건사회연구원.

Bronfenbrenner, U.(1994). Ecological models of human development. *International encyclopedia of education, 3*(2), 37~43.

Luthar, S. S.(2006). Resilience in Development: A Synthesis of Research across Five Decades. In: D. Cicchetti, & D. J. Cohen(Eds.), *Developmental Psychopathology: Risk, Disorder, and Adaptation*(pp. 739～795). New York: Wiley.

Ungar, M.(2011). The social ecology of resilience: addressing contextual and cultural ambiguity of a nascent construct. *American journal of orthopsychiatry, 81*(1), 1～17.

Wahl, H. W.(2018). The environment as developmental context: In all ages but certainly old age. In H. Chaudhury & F. Oswald.(Eds.). *Annual review of gerontology and geriatrics*(pp. 17～38). New York NY: Springer Publishing.

Whittemore, R. & Knafl, K.(2005). The integrative review: updated methodology. *Journal of advanced nursing, 52*(5), 546～553.

World Health Organization(2004). A glossary of terms for community health care and services for older persons. Geneva: World Health Organisation. https://iris.who.int/bitstream/handle/10665/68896/WHO_WKC_Tech.Ser._04.2.pdf?sequence=1&isAllowed=y

Wright, M. O. D. & Masten, A. S.(2014). Pathways to resilience in context. In *Youth resilience and culture: Commonalities and complexities*(pp. 3～22). Dordrecht: Springer Netherlands.

06

에이징 인 플레이스 설계

에이징 인 플레이스는 단순히 살던 곳에 계속 사는 것이라는 의미 이상이며, 노년기에도 자신이 주도권을 가지고 원하는 삶의 방식대로 살아가는 삶에 관한 것이다. 에이징 인 플레이스가 이루어지려면 고령자들이 보다 공평하게 이 시기를 맞이할 수 있도록 전 생애주기에 걸쳐 건강, 교육, 고용 등과 관련한 사회구조적 변화도 필요하고, 에이징 인 플레이스를 설계할 수 있는 지침도 필요하다. 이 장에서는 에이징 인 플레이스 설계의 의미와 필요성에 대해 정리하고, 에이징 인 플레이스 준비와 계획을 돕는 점검 도구의 예를 살펴볼 것이다.

에이징 인 플레이스 설계의 의미

개인이 에이징 인 플레이스를 설계한다는 것은 어떤 의미인가? 에이징 인 플레이스 설계란 고령에도 안전하고 쾌적하게 일상생활을 할 수 있는 집에 대한 계획, 노후의 생계 관련 계획, 건강 유지와 관리 계획, 여가활동과 사회생활 계획, 도움이 필요할 때 요청할 수 있는 지원에 대한 계획 등을 세우는 것이라고 할 수 있다.

에이징 인 플레이스 설계는 자신의 현재 상황과 미래를 자기 주도적으로 점검하고 대비하는 데 목적이 있다는 점에서 생애 설계 또는 노후 준비와 비슷하다고 할 수 있다. 노후 준비와 생애 설계가 은퇴를 앞둔 사람에게만 필요한 것이 아니라 전 연령대에서 이에 대한 관심을 지속해서 가질 필요가 있다고 한 것처럼(지은정, 2013), 에이징 인 플레이스 설계도 그러한 관심이 필요하다. 노후 준비와 생애 설계 시에 재무, 건강, 심리 · 사회적 관계, 주거 등 다차원적인 면을 염두에 두고 지속적인 점검을 할 필요가 있다고 하는 것처럼(Bode al., 2006), 에이징 인 플레이스 설계와 점검도 그러하다. 그러나, 노후 준비와 생애 설계는 사회가 바람직하게 여기는 생애주기별 발달 과업을 수행하기 위한 목표를 설정하고, 이를 위해 직업과 경력, 학습과 자기 개발, 건강 등 영역별로 계획 수립과 실천을 강조하는 면이 있다(최성재, 2023). 반면, 에이징 인 플레이스 설계에서는 에이징 인 플레이스에 획일적인 정답이 있다고 보지 않으며, 사회가 바람직하다고 인정하는 노후가 아닌 자신에게 의미 있는 삶을 사는 것에 초점을 맞추는 것이 더욱 중요하다고 본다.

에이징 인 플레이스 설계를 하는 이유는 자기 주도적으로 에이징 인 플레이스의 과정을 주도하기 위해서다. 자신의 상황과 선호하는 바를 바탕으로 어디에서, 무엇을 하며, 어떻게 살 것인지, 그리고 필요한 도움과 자원은 무엇이며 어떻게 활용할 수 있는지 체계적으로 점검할 수 있는 도구가 있다면, 에이징 인 플레이스 설계 과정이 한결 수월할 것이다.

에이징 인 플레이스 준비와 계획을 돕는 점검 도구

이 장에서 소개하는 점검 도구는 캐나다의 아가 칸 협의회(Aga Khan Council for Canada)와 로어 메인랜드 유나이티드 웨이(United Way of the Lower Mainland, UWLM)가 개발한 것이다. 홈페이지에서 전체 내용을 확인할 수 있다(https://aginginplaceplan.ca/).

『에이징 인 플레이스 점검 도구: 내일의 삶을 위해 오늘 계획하세요!(Aging in Place Toolkit: Plan today for the life you want to live tomorrow)』라는 자료에서는 캐나다 주 정부가 이와 같은 도구를 만든 이유를 밝히고 있다. 즉, 예전에 비해 평균 수명이 길어진 시대에 노년기의 건강과 독립성을 유지하는 다양한 측면에 대해 미리 생각하며 노후를 위한 계획을 준비할 필요가 커졌다는 것을 점검 도구 제작의 배경으로 설명하고 있다. 캐나다 주 정부에서는 개개인이 자신의 에이징 인 플레이스와 관련한 결정을 내릴 때 고려해야 할 사항이 무엇인지 생각해 볼 기회를 제공하기 위해 이와 같은 도구를 마련했다고 한다.

에이징 인 플레이스 점검 도구 사용 방법

크게 세 단계에 걸쳐 점검을 진행한다. 먼저 1단계에서는 응답자가 에이징 인 플레이스 준비가 얼마나 되었는지 확인할 수 있도록 만들어진 설문지를 보며, 항목별로 응답하면 된다. 아홉 가지 영역에 걸쳐 영역별로 5~15개의 문항이 들어 있는데, 각 문항에 '예' 또는 '아니요'로 답하게 되

표 6-1 주거 관련 문항

<table>
<tr><td colspan="3">지금 살고 있는 집에 대해 생각하며 다음의 질문에 답변합니다.
당신은 70~80대가 되어도 지금 살고 있는 그곳에서 살 계획인가요? 당신은 현재 그 집을 소유하고 있나요, 아니면 임대하고 있나요? 임대인 경우라면, 필요에 따라 주거환경을 개조 또는 개선하는 것이 제한될 수 있습니다.</td></tr>
<tr><td>아래 여덟 개의 문항을 읽고, '예' 또는 '아니오'로 응답합니다.</td><td>예</td><td>아니요</td></tr>
<tr><td>■ 내 집은 내가 고립감을 느끼지 않을 곳에 위치한다.</td><td></td><td></td></tr>
<tr><td>■ 내 집은 친구와 가족, 그리고 서비스 기관들과 가까운 편이다.</td><td></td><td></td></tr>
<tr><td>■ 나는 주택 유지 비용(예, 주택 담보 대출 또는 임대료, 세금, 수리 또는 유지 보수 비용)과 내가 나이 들어도 이 집에서 살 수 있는지에 대해 생각해 보았다.</td><td></td><td></td></tr>
<tr><td>■ 향후 15~20년 뒤에도 이 집의 기능이 나의 안전, 이동성 및 건강 요구 사항을 적절히 지원할 수 있을 것이다(예, 보행기가 들어갈 수 있는 현관 및 출입구, 손잡이 설치를 지지할 수 있는 욕실 벽 등).</td><td></td><td></td></tr>
<tr><td>■ 나 또는 가족원의 건강에 변화가 생겨 휠체어와 같은 이동 장치가 필요한 경우, 이 집에 필요한 개조가 가능할 것이다(예, 야간 조명, 단단한 난간, 욕실의 손잡이, 넓은 출입구, 경사로, 대형 욕조 등).</td><td></td><td></td></tr>
<tr><td>■ 나는 지역사회 내 다른 주거 대안에 대해 알고 있으며, 만약 건강상의 이유 등으로 현재 집에 더 이상 거주할 수 없는 경우를 대비하여 내가 살 수 있는 곳의 비용과 자격 기준을 조사해 봤다.</td><td></td><td></td></tr>
<tr><td>■ 나는 짐을 줄이거나 작은 집으로 이사하는 것에 대해 생각해 본 적이 있다.</td><td></td><td></td></tr>
<tr><td>■ (현재 가족과 동거 중인 경우에 응답) 여러 가지 이유로 내가 만약 혼자 살게 된다면, 나는 그동안 다른 가족원이 해왔던 일(예, 집안일, 재정 업무 등)을 해야 할 상황이 될 수도 있음을 생각해 봤다.</td><td></td><td></td></tr>
</table>

어 있다. 아홉 가지 영역은 '건강, 주거, 재정, 교통수단, 관계망, 안전, 지원과 서비스, 커뮤니티, 배우자 또는 동거인(해당하는 경우)'이다.

지면 관계상 아홉 개 영역 중에서 주거 영역의 문항을 중심으로 점검 도구의 실제 내용을 보고자 한다(표 6-1 참조).

2단계에서 할 일은 1단계에서 응답한 자신의 답변을 검토하며, 영역별로 궁금한 것 또는 논의가 필요한 것 등을 노트에 정리하는 것이다. 주거환경과 관련하여 자신이 중요하게 생각하는 것이 무엇인지, 장기적으로 본인이나 가족에게 어떤 도움이 필요할지 생각해 보도록 하고 있다.

3단계는 계획하기 단계다. 1, 2단계를 거쳐 자신의 에이징 인 플레이스 준비 정도와 대책이 필요한 부분을 정리했다면, 이 단계에서는 각각에 대해 개인별 실행 계획을 수립하는 것이다. 3단계에서는 현재와 미래에 자신의 조건에 맞는 에이징 인 플레이스를 위해 취할 수 있는 조치를 파악하고 계획하는 게 주요 과업인데, 도움을 받을 수 있는 곳은 어디인지 등에 대해서 구체적으로 파악하고 확인할 것을 권장한다.

에이징 인 플레이스 점검 도구의 의의

이와 같은 점검 도구는 에이징 인 플레이스 과정에서 개인이 인간-환경 정합성을 높이기 위해 취할 수 있는 하나의 전략으로 활용할 수 있다. 앞에서 논의한 SOC 모델을 기반으로, 자신에게 중요한 것 또는 의미 있는 것을 의식적으로 선택하고 우선순위를 설정하며, 적절한 보완 대책을 활용하는 방안을 모색하면서 자신에게 맞는 에이징 인 플레이스 경험이 되도록 하는 것이다. 이 책에서 여러 번 강조했듯이, 개인-환경 정합성을 고려하여 다양한 보완 대책을 마련하는 것은 사회가 할 일이며, 개개인은 그러한 자원을 자신의 상황에 맞게 활용할 수 있어야 한다.

참고문헌

지은정(2013). 우리나라 노후설계서비스에 대한 시론적 고찰-보편적, 균형적 관점에서. ≪사회보장연구≫, 29권 4호, 249~283.

최성재(2023). 『생애설계와 시간관리』. 서울대학교 출판문화원.

Bode, C., de Ridder, D. T., & Bensing, J. M.(2006). Preparing for aging: Development, feasibility and preliminary results of an educational program for midlife and older based on proactive coping theory. *Patient Education and Counseling, 61*(2), 272~278.

https://aginginplaceplan.ca/

https://aginginplaceplan.ca/wp-content/uploads/2021/06/06172021-AiP-Soft-Copy-v2.pdf

07

주거환경 개선과 플랫폼으로서의 주택

노년기 주거 안정성과 함께 다양한 주거 대안에 대한 관심이 커졌다. 노인 주거환경이 건강에 미치는 영향에 대한 근거가 축적되면서 주거환경 개선의 필요성과 중요성을 인식함에 따라 정부 주도 사업이 확대되는 추세다. 저소득 취약 계층의 안정적 주거지 마련 또는 시설 중심 접근에서 벗어나 소득, 건강 상태, 취향 등을 고려한 다양한 주택이 필요하다는 공감대도 형성되고 있다. 노년기 주거 대안으로 주거와 돌봄 및 요양 서비스를 결합한 주거지 기반 서비스 모형도 관심을 받는다. 이 장에서는 이러한 논의에 기반하여 주거환경 개선과 다양한 주거 모형에 관한 관심이 인간과 환경 간 정합성을 높이는 차원으로 나아가야 할 필요성을 살펴본다.

주거와 복지를 동시에 챙기는 주거환경 개선 작업

낙상 사고 등 노인의 삶의 질에 큰 영향을 미치는 주거환경의 영향에 관한 보고가 이어지면서 국내에서도 재가 노인을 위한 주거환경 개선 사업이 다양하게 전개되고 있다. 그러나, 주거환경 개선 작업이 노인의 건강과 기능 향상 지원 차원에서 진행되기보다는 대부분 노후화된 부분에 대한 수리에 그치거나 구호적 성격에 머물러 있다는 비판을 받고 있다(주보혜 외, 2020). 이와 같은 지적은 주거환경 개선 등의 개입이 단순히 물리적 주거환경을 개선하는 것이 아닌 노인의 건강과 기능 향상 지원 차원에서 접근할 필요가 있음을 강조하는 것이다.

여기서 초고령 노인의 주거와 건강한 노화(healthy aging) 간의 관계를 연구한 결과를 주의 깊게 살펴볼 필요가 있다. 스웨덴을 중심으로 독일, 영국, 헝가리, 라트비아 등 유럽 다섯 개 국가가 공동으로 진행한 대규모 장기 추적 연구에 의하면(Oswald et al., 2007), 노인의 건강과 기능에 영향을 미치는 것은 주거환경 상 수리가 필요한 물리적 환경 장벽 그 자체가 아니라 노인이 체감하고 지각하는 접근성(accessibility), 이용성(usability), 주도성(in control)과 관련이 있다. 문턱 제거, 화장실에 손잡이 설치 등 유니

버셜 디자인을 적용한 물리적 환경 구축도 중요하지만, 노인의 건강과 기능 향상을 위해서 그보다 더 중요한 것은 노인과 주거환경 간의 정합성을 맞추는 것이라는 것을 실증적으로 검증한 것이다(Fänge & Iwarsson, 2003).

북미의 케이퍼블(Community Aging in Place, Advancing Better Living for Elders , CAPABLE) 프로그램도 이와 같은 차원에서 노년기 주거 개선에 접근하고 있다. 메디케어 및 메디케이드 혁신 센터(Centers for Medicare & Medicaid Services)가 자금을 지원하는 이 프로그램은 노인의 기능 개선과 주거환경 양측에 개입하여 저소득층 노인의 건강 향상을 목적으로 한다. 이를 위해 작업치료사, 간호사, 목수 등으로 구성된 학제적 팀이 노인이 원하는 목표를 설정하고, 그 목표 달성에 방해가 되는 것을 개선하는 한편, 노인의 건강 향상을 위한 개입을 동시에 진행한다. 먼저, 상담을 통해 노인이 자신에게 중요하다고 생각하는 일상생활의 목표를 설정하도록 하고, 그 목표 달성에 장애가 되는 것이 무엇인지 파악한 후에 그것을 개선하는 작업을 하는 것이다. 예를 들어, 어느 노인이 넘어질 염려를 하지 않고 샤워하기를 원하지만, 미끄러운 바닥과 약해진 악력 등의 문제로 인해 목욕하기를 두려워하는 상황이라고 하자. 안전하게 목욕하기라는 노인의 목표 달성을 위해 작업

치료사와 간호사는 근력 강화를 비롯한 자기관리 지도를 하고, 목수는 욕실 내 미끄럼방지 타일과 안전바 설치 등의 주거환경 개선을 제공한다. 단순히 주거환경을 개선하는 게 아니라 노인의 욕구에 맞추어 필요한 곳을 개선하며 나아가 기능 저하를 늦추는 것에 개입의 초점을 둔 것이다 (Szanton et al., 2014).

국내에서도 이와 같은 일이 시도되고 있다. 서울시 중구안심센터에서는 치매 노인의 주거환경 개선을 위해 작업치료사, 간호사, 사회복지사가 한 팀으로 일한다. 노인의 주거 개선 관련 욕구를 조사하고 체계적으로 사정하는 과정을 거치며, 주거 개선뿐 아니라 건강 체크 등을 병행하는 것이다(주보혜 외, 2020). 주거 개조 또는 환경 개선 작업 시, 신뢰도와 타당도를 검증받은 하우징 인에이블러 (the housing enabler)와 같은 사정 도구를 사용하여 노인이 지각하는 접근성과 이용성을 평가할 필요가 있다 (Iwarsson, 1999; Lien, Steggell, & Iwarsson, 2015). 그리고 주거환경 개선이 노인의 기능과 신체활동을 개선하는 식으로 진행되었는지, 노인의 경험은 어떠한지 등을 파악하며 사후 관리까지 진행할 필요가 있다.

노년기 주거 대안에 대한 관심

노년기 주거에 대한 큰 관심의 저변에는 노인의 선호와 다양한 욕구를 적절히 충족하는 주거 대안이 부족해서 사회적 입원 현상, 즉 요양 시설 입소가 불필요하게 많다는 인식이 자리 잡고 있다(Martens, 2018). 한편, 노인을 위한 주거 안정은 거주지 제공 이상으로 노화로 인한 신체 · 심리 · 사회 · 경제적 특성을 고려하여 접근할 필요가 있다는 것을 인식한 것이다. 그리고 에이징 인 플레이스를 지원하기 위해서는 그동안 복지 정책에서 소홀했던 주거 부분에 관한 관심을 높여야 한다는 공감대가 형성되었기 때문이다(Martens, 2018).

우리나라에서도 에이징 인 플레이스 가치를 기반으로 하는 고령자 주거 정책으로 전환되는 모습이다. 가장 큰 변화는 안전하고 안정적인 거주지 제공과 함께 안심케어 주택과 같이 거주지 기반 서비스 지원에 대한 고민이 본격화되었다는 점이다(김유진 · 박순미 · 박소정, 2019).

국외에서 시설이 아닌 지역사회 기반 주거 모델로 꼽는 것 중에 대표적인 것은 보호주택(sheltered housing), 집합주택(congregate housing), 코하우징(cohousing), 연속적인 돌봄 커뮤니티(continuing care retirement community)

등이 있다(Chum et al., 2022). 주거지를 기반으로 제공되는 서비스의 특성에 따라 분류하자면, 우리나라 고령자복지주택은 집합주택의 성격을 지니며, 케어안심주택은 보호주택의 일부 특성을 공유한다고 볼 수 있다.

이와 같은 서비스 지원 주택은 '플랫폼으로서의 주택' 개념을 도입한 것이다. 이 개념에서는 주택을 단순히 거처로서만 보지 않는다. 고령자의 집은 점차 나이 들어 가는 노인이 건강하게 최대한 독립적인 삶을 유지할 수 있도록 지원하는 중요한 플랫폼이 되어야 한다고 보는 것이다(Spillman et al., 2012). 이와 같이 '플랫폼으로서의 주택'에 대한 높은 관심에 따라 최근 국내·외 고령자 주택 정책과 사례를 소개하는 책들이 활발하게 출간되고 있다. 플랫폼으로서의 주택 개념을 반영한 다양한 주택 유형의 구체적인 내용에 대해서는 한국주거학회(2024)와 같은 책을 참고할 수 있다. 이어지는 절에서 다음과 같은 점을 좀 더 깊이 살펴보자.

플랫폼으로서의 주택과 서비스 지원의 범위 및 수준에 대한 고민

서구의 고령자 주택 발전 동향이 말해 주는 것처럼(김유진 · 박순미 · 박소정, 2019; 김유진 · 박순미, 2019), 우리 사회에서 플랫폼으로서의 주택 또는 서비스 지원 주택이 노년기의 주거 대안으로 자리를 잡게 되면, 다음과 같은 고민이 깊어질 것이다. 이와 같은 곳은 주택인가? 아니면 시설인가? 정부가 추진 중인 시니어 레지던스와 같은 곳에서 노인은 독립적인 일상생활이 어려워져도 계속 살 수 있을 것인가?

현재 고령자복지주택에서는 주택관리, 사회적 활동 지원과 같은 지지적 서비스 중심의 서비스를 제공하지만, 차차 거주자의 초고령화 속에 주택의 역할과 기능, 제공되는 서비스의 성격에 변화가 생길 수밖에 없다. 양로시설 거주자의 고령화에 따라 장기요양 서비스 제공이 불가피해지면서 불거졌던 문제들이(배성우 · 김유진 · 박순미, 2014) 시니어 레지던스와 같은 주택이 확대됨과 함께 더욱더 가시적으로 드러날 것이다.

노인들은 고령자복지주택과 같은 집합주택을 자기 집이라고 여기지만, 치매 등의 이유로 독립적인 생활이 어려워

지면 어쩔 수 없이 '이 집'에서 나가야 한다(김유진, 2020). 시니어 레지던스와 같은 집합주택에서는 주택 운영과 관리의 어려움, 예산과 인력 등의 문제로 인해 거주자의 다잉 인 플레이스(dying in place)를 지원하지 않기 때문이다. 장애 수준이나 돌봄 욕구에 따라 노인들이 이곳에서 저곳으로 옮겨 다니지 않고, 주택이 노인의 욕구에 맞추려면 어떻게 해야 하는가?

노인 주거복지 향상을 위해 추진 필요한 일들

먼저, 서비스가 제공되는 집합주택 또는 하우징 케어를 집 또는 시설로 보는 이분법적 사고에서 벗어날 필요가 있다. 그리고 다음과 같은 일이 추진되어야 한다. 수많은 선행 연구가 지적하듯이, 다양한 주거 모형 개발과 더불어 정부 기관 차원의 노인 주거복지 분야 정책 거버넌스 구성과 운영, 주택 운영 인력에 대한 체계적인 교육과 이들의 역할 정립, 노인 입주자와 서비스 체계 간의 중재로서 서비스 코디네이터의 역할 및 역량 강화 방안 등에 관한 고민이 필요하다(김유진 · 박순미 · 박소정, 2019; 박순미 · 김유진 · 박소정, 2017).

참고문헌

김유진(2020). Stake식 질적 사례연구 방법을 통해 살펴본 어느 공공 노인복지주택에서의 삶에 관한 연구. ≪한국노년학≫, 40권 1호, 51~72.

김유진 · 박순미 · 박소정(2019). 고령자의 에이징 인 플레이스(Aging in Place)를 위한 서비스 지원 주거 모델 개발 연구. ≪한국보건사회연구≫, 39권 2호, 65~102.

김유진 · 박순미(2019). 저소득 노인을 위한 주거대안으로서 공공형 노인복지주택의 성과에 관한 탐색적 연구. ≪노인복지연구≫, 74권 1호, 223~252.

박순미 · 김유진 · 박소정(2017). 국내 노인주거복지서비스 현황 및 특성 분석. ≪노인복지연구≫, 72권 3호, 395~428.

배성우 · 김유진 · 박순미(2014). 『노인주거복지시설 프로그램 실태 및 개선방안: 노인무료양로시설을 중심으로』. 보건복지부 · 경북대학교 산학협력단.

주보혜 · 이선희 · 임덕영 · 김수정 · 김혜진(2020). 『노인의 지역사회 연속적 거주를 위한 주거지원과 서비스 연계 방안』. 한국보건사회연구원.

한국주거학회(2024). 『신글로벌 트렌드: 시니어 주택, 국내외 정책과 사례』. 박영사.

Chum, K., Fitzhenry, G., Robinson, K., Murphy, M., Phan, D., Alvarez, J., Hand, C., Rudman, D. L., & McGrath,

C.(2022). Examining community-based housing models to support aging in place: A scoping review. *The Gerontologist, 62*(3), e178~e192.

Fänge, A. & Iwarsson, S.(2003). Accessibility and usability in housing: Construct validity and implications for research and practice. *Disability and Rehabilitation, 25*(23), 1316~1325.

Iwarsson, S.(1999). The Housing Enabler: An objective tool for assessing accessibility. *British Journal of Occupational Therapy, 62*(11), 491~497.

Lien, L. L., Steggell, C. D., & Iwarsson, S.(2015). Adaptive strategies and person-environment fit among functionally limited older adults aging in place: A mixed methods approach. *International journal of environmental research and public health, 12*(9), 11954~11974.

Martens, C. T.(2018). Aging in which place? Connecting aging in place with individual responsibility, housing markets, and the welfare state. *Journal of Housing for the Elderly, 32*(1), 1~11.

Oswald, F., Wahl, H. W., Schilling, O., Nygren, C., Fänge, A., Sixsmith, A., Sixsmith, J., Széman, Z., Tomsone, S., & Iwarsson, S.(2007). Relationships between housing and healthy aging in very old age. *The Gerontologist, 47*(1), 96~107.

Spillman B., Biess J., & MacDonald G.(2012). *Housing as a platform for improving outcomes for older renters.* Washington, DC: Urban Institute.

Szanton, S. L., Wolff, J. W., Leff, B., Thorpe, R. J., Tanner, E. K., Boyd, C., Xue, Q., Guralnik, J., Bishai, D., & Gitlin, L. N.(2014). CAPABLE trial: a randomized controlled trial of nurse, occupational therapist and handyman to reduce disability among older adults: rationale and design. *Contemporary Clinical Trials, 38*(1), 102～112.

08

에이징 인 플레이스를 지원하는 돌봄 서비스의 성격

이 장에서는 에이징 인 플레이스를 지원하는 돌봄 서비스의 방향과 내용에 관한 고민을 다룬다. 현행 돌봄 서비스의 한계와 문제점을 간략히 살펴본 뒤, 사회적 모델에 기반한 예방적 돌봄의 필요성과 그 주요 내용을 살펴본다. 그리고 「의료·요양 등 지역 돌봄의 통합지원에 관한 법률」 제정에 따라 2026년 전국적 시행을 앞둔 지역사회 통합돌봄의 의미를 정리하고, 지역사회 통합돌봄을 위해 준비할 것에 대해서 논의한다. 특히, 노인의 욕구를 중심으로 통합돌봄 서비스 이용자가 원하는 것은 무엇인지, 돌봄 생태계 개편을 위해 필요한 것은 무엇인지를 중심으로 살펴본다.

사회적 모델에 기반을 둔 예방적 돌봄의 필요성

국내에서도 급속한 노인 인구 증가와 함께 사회적 돌봄의 제도화가 빠르게 진행되고 있다. 중앙정부 주도의 노인맞춤돌봄서비스, 각 지자체 관할의 노인재가지원서비스를 비롯한 공공과 민간의 다양한 돌봄 서비스와 함께 사회보험 방식의 노인장기요양보험제도에 이르기까지, 우리나라는 다양하고 촘촘하게 노인 돌봄 제도를 갖추고 있다. 그리고 「의료 · 요양 등 지역 돌봄의 통합지원에 관한 법률」 제정에 따라 2026년 지역사회 통합돌봄의 전국적 시행을 앞두고 있다.

그러나 대부분 이런 돌봄 서비스는 저소득 취약 계층 또는 장기요양 등급을 받을 정도로 돌봄 욕구가 큰 사람들을 대상으로 한다. 무엇보다 현행 사회적 돌봄 제도의 문제는 의료적 모델의 영향을 크게 받고 있고, 위험관리 중심으로 진행된다는 것이다(우국희, 2011). 노인의 돌봄 욕구를 신체적, 인지적 노쇠 중심 또는 고독사 위험 요인 중심으로 사정하고, 서비스 수급 적격 여부를 평가한 뒤, 안부 확인, 도시락 등 후원 물품 제공, 일상생활 수행 지원 중심의 서비스를 제공하는 식이다.

에이징 인 플레이스 지원을 위해서는 소득 기준과 무관

하게, 장기요양등급 판정이 나올 정도로 돌봄 욕구가 크지 않은 사람을 위한 돌봄 서비스도 필요하고, 일차적 개입 또는 예방적 성격의 돌봄 서비스도 필요하다.

예방적 돌봄이란 노인이 노년기에 동반하는 여러 가지 어려움을 잘 다루며, 건강하고 자립적인 노후를 보낼 수 있도록 지원하는 것이라고 정의할 수 있다(김유진 외, 2020). 노쇠가 진행되기 전, 그리고 신체적 · 인지적 노쇠가 진행 중인 노인에게도 예방적 돌봄이 필요하다. 노인이 점차 쇠약해지고 노쇠해지는 것을 인정하며, 자기 자신과 주변의 자원을 활용하여 잔존능력을 펼치며 살 수 있도록 지원하는 돌봄은 노인의 자기돌봄을 지원하는 것이기도 하다. 노인 돌봄에서 자기돌봄이란 신체적, 정신적 건강관리, 잔존능력 활용, 생활 습관 조정, 적절한 서비스 이용에 관한 것이라고 할 수 있으며, 가능한 오랫동안 건강하게 에이징 인 플레이스 할 수 있는 개인 차원의 역량과 깊은 관련이 있다(김유진, 2022).

예방적 돌봄 서비스에 대한 고민과 함께 사회적 모델의 시각으로 돌봄 서비스의 성격을 재고할 필요가 있다. 생의학적 모델이 아닌 사회적 모델에 기반을 둔 노인 돌봄에서는 노인을 돌봄 서비스를 일방적으로 받는 자로만 보지 않으며, 자기 삶의 주체로 인정한다. 이러한 입장의 돌봄 서비스는 노인의 건강정보 문해력(health literacy)과 자기돌봄 역량 강화, 적절한 SOC 전략 활용 능력 강화, 회복탄력성 강화를 목적으로 심리 · 사회적 지원을 강조하는 데 중점을 둘 수 있다.

큰 그림이 필요한 지역사회 통합돌봄

보건복지부(2023)에 의하면, 지역사회 통합돌봄이란 돌봄 대상자가 '병원, 시설'이 아닌 '살던 곳'에서 건강하게 살아갈 수 있도록 보건의료, 요양, 돌봄, 일상생활지원, 주거 서비스를 통합적으로 연계 · 제공하는 지역 주도형 사회서비스 정책이다. 이와 같은 정책이 지향하는 바는 분명하다. 돌봄이 필요한 누구나 자기가 사는 곳에서 필요한 돌봄 서비스를 이용하며 살다가 죽음을 맞이하는 것(dying in place)이 가능하게 하자는 것이다.

지역사회 통합돌봄에서는 '어떤 돌봄(의료, 생활지원, 주거 등)을 제공하는가?'도 중요하지만 '그것을 어떻게 제공하는가?'라는 질문이 더욱 중요하다. 나아가 '이러한 돌봄이 노인과 환경 간의 정합성을 지원하는 방향과 내용이라고 볼 수 있는가?'를 고민해야 한다. 지역사회 통합돌봄은 이용자의 에이징 인 플레이스 지원을 위해 돌봄이 제공되는 방식의 변화를 요구하는 것이기 때문이다.

이를 위해 서비스 이용자가 원하는 것은 무엇인지 살펴볼 필요가 있다. 통합돌봄 서비스 이용자는 노인뿐 아니라 아동, 장애인 등 누구나 될 수 있다. 여기서는 가장 많은 연구가 진행된 노인 이용자 중심의 결과를 살펴보자. 체계적 고찰 연구에 의하면, 노인들이 원하는 것은 가능한 한 최대한 자립적인 일상생활을 꾸려 갈 수 있도록 도움을 받는 것이다. 그리고 자신의 상황과 향후 경과에 대해 제대로 알고 싶어 한다(McGiltonet al., 2018). 노인들은 자신의 질병에 대처하고 자립적인 삶을 유지하고자 하는 욕구가 매우 큰 만큼, 단순히 의료적 치료뿐 아니라 심리 · 사회적 건강과 사회적 관계, 가사와 이동, 자기돌봄의 영역에서 도움이 필요하다. 전문가들이 자기돌봄 전략에 대해 조언해 주고, 향후 자신의 상태 변화에 따라 어떤 서비스가 이용 가능한지 또는 별 도움이 안 되는지 등에 대해 알려 주길 원한다는 것이다(Abdi et al., 2019). 통합돌봄 관련자는 노인들에게 일방적으로 서비스를 제공하는 것이 아닌, 노인이 자신의 삶을 주도적으로 꾸려 가는 데 통합돌봄 서비스를 활용할 수 있도록 돕고자 하는 태도를 갖춰야 한다.

한편, 지역사회 통합돌봄 체계를 구성할 때, 예방적 돌봄부터 생애 말기 돌봄까지 담는 큰 그림을 그릴 필요가 있다. 노인의 기능 저하를 다룰 뿐 아니라 노인이 존엄한 삶을 유지할 수 있도록 의료적 치료와 간호, 일상생활지원, 신체활동 증진과 자기돌봄을 비롯한 예방적 돌봄, 나아가 생애 말기 돌봄에 이르기까지 치료와 돌봄이 세심하게 제공될 수 있도록 지원해야 한다.

이런 차원에서, 2024년 시범사업으로 진행한 '생애 말기 돌봄 교육지원사업'과 같은 사업이 확대되어야 한다. 아주대병원 권역별 호스피스센터에서는 생애 말기 돌봄 교육지원사업'을 통해 가정을 방문해 임종 돌봄을 제공하는 의사, 간호사, 사회복지사 등을 대상으로 통증 및 증상 관리, 심리 · 사회적 돌봄, 임종기 돌봄 등에 관해 교육했다(아주대학교병원 권역별호스피스센터, 2024). 지역사회 통합돌봄 시대에 생애 말기 돌봄이 자리 잡을 수 있도록 가정형 호스피스 강화 정책과 함께 죽음을 삶의 한 요소로 자연스럽게 받아들일 수 있는 사회적 분위기의 조성도 필요하다(김경아, 2023; 김유휘 외, 2023).

돌봄 생태계 개편을 위한 고민

지역사회 통합돌봄 정책은 단순히 장기요양 시설 이용 감소를 통해 재정 절감을 목적으로 하는 사업처럼 시행되어서는 안 된다. 지역사회 통합돌봄은 '우리 각자가 어떻게 동네에서 돌봄을 제공하고, 이용할 수 있을까?'에 대한 답을 찾아가는 과정과 그 시도에 관한 것이기 때문이다(김유진, 2024).

2026년 지역사회 통합돌봄 시대를 앞두고, 정부에서는 2019~2022년까지 지역사회 통합돌봄 선도사업, 2023년부터 노인 의료·돌봄 통합지원 시범사업을 시행하고 있다. 지난 몇 년간의 선도사업과 시범사업에 대한 평가, 그리고 서구의 통합돌봄(integrate care) 관련 연구에서 공통으로 언급하는 것은 이와 같은 정책의 실현이 생각보다 훨씬 더 어렵다는 것이다(김경범 외, 2022; Kirst et al., 2017). 정책에 담긴 의미와 중요도만큼 실행이 따라오지 못한다는 것인데, 예산과 인력의 문제뿐 아니라 그동안 분절적으로 발전해 온 분야 간의 연계와 협력이 하루아침에 이루어지지 않기 때문이다. 통합돌봄이 제대로 시행되려면 무엇보다 지역사회 네트워킹이 필수적인데, 지역별로 활용할 수 있는 자원의 내용과 수준의 차가 큰 것도 해결이 어려운 문제가 될 수 있다.

지역사회 통합돌봄이 원활하게 이루어지려면, 공공과 민간, 제3섹터를 포함한 지역 공동체, 노인과 가족 간의 지역사회 파트너십을 촉진하는 것이 가장 중요하며(Giunta & Thomas, 2015), 무엇보다 돌봄에 대한 인식과 가치관의 변화가 뒷받침되어야 한다. 이후 장에서 다양한 주체들이 상호 의존하여 돌봄 생태계를 설계하며 운영하는 실험의 예들을 살펴보자.

참고문헌

김경범 · 허민희 · 장하은 · 노진원 · 김장묵(2022). 국내 지역사회 통합돌봄 선도사업성과 및 동향에 관한 체계적 문헌고찰. ≪융합정보논문지≫, 12권 5호, 159~167.

김유진(2024). 지역사회 통합돌봄에 대한 이해와 준비. 우리복지시민연합 제5차 건강과복지 포럼 자료집.

김경아(2023). 한국과 주요국의 웰다잉(Well-dying) 지원정책의 현황과 시사점. ≪한국노년학≫, 43권 3호, 303~329.

김유진(2022). [노인맞춤돌봄서비스] 전담사회복지사의 경험을 통해 살펴본 에이징 인 플레이스 지원 사례관리의 어려움과 딜레마. ≪사회과학담론과정책≫, 15권 1호, 65~103.

김유진 · 김현미 · 장서영 · 임아정 · 옥세윤(2020). 『노인맞춤돌봄서비스 내 정서적 개입 지원 강화 방안 연구』. 보건복지부 · 경북대학교 산학협력단.

김유휘 · 어유경 · 김진희 · 이선희 · 한수연(2023). 『생애 말기 지원을 위한 다양한 사회서비스의 현황 및 활성화 방안』. 한국보건사회연구원.

보건복지부(2023). 『노인 의료 · 돌봄 통합지원 시범사업 안내』. 보건복지부.

아주대학교병원 권역별호스피스센터(2024). 지역사회 생애말기돌봄 교육지원사업 워크숍 후기.

https://blog.naver.com/3aumchospice/223679488089

우국희(2011). 고령화 시대의 노인과 위험 담론. ≪노인복지연구≫, 53, 261~280.

Abdi, S., Spann, A., Borilovic, J., de Witte, L., & Hawley, M.(2019). Understanding the care and support needs of older people: a scoping review and categorisation using the WHO international classification of functioning, disability and health framework(ICF). *BMC Geriatrics,* 19, 1~15.

Giunta, N. & Thomas, M. L.(2015). Integrating assessment and evaluation into partnership initiatives: Lessons from the community partnerships for older adults. *Journal of Applied Gerontology, 34*(5), 609~632.

Kirst, M., Im, J., Burns, T., Baker, G. R., Goldhar, J., O'Campo, P., Wojtak, A., & Wodchis, W. P.(2017). What works in implementation of integrated care programs for older adults with complex needs? A realist review. *International Journal for Quality in Health Care, 29*(5), 612~624.

McGilton, K. S., Vellani, S., Yeung, L., Chishtie, J., Commisso, E., Ploeg, J., Andrew, M. K., Ayala, A. P., Gray, M., Morgan, D., Froehlich Chow, A., Parrott, E., Stephens, D., Hale, L., Keatings, M., Walker, J., Wodchis, W. P.,

Dubé, V., McElhaney, J., & Puts, M.(2018). Identifying and understanding the health and social care needs of older adults with multiple chronic conditions and their caregivers: a scoping review. *BMC Geriatrics,* 18, 1~33.

09

고령 친화 환경 조성의 현재와 미래

국내 에이징 인 플레이스 논의는 주로 주거와 돌봄 서비스 확대 중심으로 진행되고 있다. 그러나 지역의 물리적, 사회적 환경이 에이징 인 플레이스에 미치는 영향은 대단히 크다. 단편적으로 돌봄이나 주거 서비스를 구축하는 정책이 아니라 교통과 도보 등의 물리적 환경, 일자리와 고용, 사회 참여와 존중 등 사회경제적·문화적 환경의 균형적인 발전이 함께 진행되어야 한다. 지역의 정책이 노인의 쇠퇴하는 기능 변화를 얼마나 지원하는가뿐 아니라 고령 친화적 기반이 얼마나 구축되어 있는가에 따라 노인의 에이징 인 플레이스 경험이 달라지기 때문이다. 이와 같은 점에서 이 장에서는 고령 친화 환경 조성에 관한 그동안의 논의를 살펴볼 것이다.

고령 친화 환경 조성의 필요성

세계보건기구를 중심으로 고령 친화 환경(age-friendly environment) 조성 운동이 에이징 인 플레이스 정책의 일환으로서 추진되었다. 고령 친화 환경 조성은 활동적 노화(active aging)를 가능하게 하는 도시환경과 인프라를 강조하는 것으로, 지역 사람들이 누구나 활동적인 노후를 보낼 수 있도록 정책과 서비스, 사회환경 및 구조를 지원하는 것에 관한 것이다(Fitzgerald & Caro, 2014). 이는 급속한 고령화, 도시화에 따른 삶의 방식 변화를 기존 도시 기반 시설이 따라가지 못하는 상황에서 누구나 살던 곳에서 불편하지 않고 안전하게 살아갈 수 있도록 적극적인 정책적 대응을 촉구하는 개념이라고 할 수 있다.

2020년 기준, 세계 고령 친화 도시 국제네트워크(the Global Network for Age-Friendly Cities and Communities)에 44개국 1114개 도시가 참여하고 있고, 우리나라에서는 서울시가 2013년 네트워크에 가입한 이래, 18개 시와 군, 구 차원에서 개별적으로 가입할 정도로 고령 친화 도시 운동이 활발히 진행되었다.

고령 친화 환경 조성은 인구 고령화에 가장 효과적으로 대응할 수 있는 정책적 접근 방법일 뿐 아니라 고령화와 노인에 대한 새로운 시각을 반영하는 것이기도 하다(최희경, 2016). 노인 인구의 다양한 능력과 자원을 인식하고, 이들이 지역사회 생활의 각 영역에 적극적으로 참여 및 기여하도록 격려하는 것을 강조하기 때문이다. 이런 차원에서 세계보건기구를 중심으로 활동적인 노후를 구현하는 고령 친화 도시 운동이 전개된 것이다. 노인 돌봄을 비롯한 서비스 제공이 중심이 되는 기존의 노인 정책에서는 고령 인구로 인한 사회적 부담과 비용을 걱정하는 반면, 고령 친화 환경 조성 담론에서는 나이 들어 가는 인간과 도시를 긍정적으로 바라보고, 노인과 지역사회 주민의 참여를 통한 도시개발 과정을 통해 지속 가능한 지역사회와 도시 발전을 이루고자 하는 바람이 들어가 있다(Lui et al., 2009). 고령 친화 환경 조성을 어떻게 추진할 것인가는 지역사회 발전과 노인의 지역사회 참여 차원에서도 매우 중요한 문제다(최희경, 2016).

최근 유엔에서 건강한 노화 10년(Decade of Healthy Aging, 2021~2030) 선언을 공표하며, 전 지구적 차원의 고령 친화 환경 조성을 위한 협업을 촉구했다(Keating, 2022). 여기서 고령 친화 환경이란 "성장하고(grow), 생활하며(live), 일하고(work), 놀이하며(play), 나이 들어 가기(age)에 좋은 장소가 되도록 물리적, 사회적, 경제적 환경을 육성하는 것을 수반한다"(WHO, 2020:9)라는 것이다.

이는 다시 한번, 고령 친화 사회란 노인 인구뿐 아니라 전 연령대가 살기 좋은 사회라는 것을 강조하는 것이며, 그동안 고령 친화 도시 담론에서 소홀했었던 불평등, 형평성, 도시 지역 중심의 논의 등의 한계를 지적한 것이기도 하다(Keating, 2022). 코로나19 팬데믹의 장기화로 더욱 심화한 연령주의, 소외와 고립, 차별과 불평등 심화 속에 그동안의 고령 친화 도시 조성 움직임이 과연 노인, 특히 저소득 소외 계층 노인에게 어떠한 도움이 되었는가에 대한 반성이라고도 볼 수도 있다(Philipson & Grenier, 2021).

기대에 미치지 못한 채 답보 상태인 고령 친화 조성 운동

다음과 같은 현실로 인해 고령 친화 환경 조성의 실현은 기대에 미치지 못하는 실정이다. 전 세계적인 경제 긴축 기조 속에서 많은 도시에서 노인을 위한 인프라와 서비스 제공 예산이 삭감되고 있다. 또한, 부서 간 칸막이 현상과 같은 관행과 행정적 절차가 고령 친화적 사회 조성의 실현을 어렵게 하는 데 한몫하고 있다. 무엇보다 고령 친화적 사회 조성 운동에서 중앙정부를 비롯한 지방정부의 역할이 필수적인데, 지도자의 인식과 관심에 따라 정책을 일관성 있게 추진하지 않는다(Buffel & Phillipson, 2016; Van Hoof et al., 2018).

국내에서도 2010년부터 약 10년간 지자체별로 앞다투어 고령 친화 환경 조성에 관한 조례를 제정하였으나(김유진 외, 2021), 그때그때 사회문제화되는 것이 무엇인지에 따라 정책적 관심이 다른 쪽으로 쏠리면서 고령 친화 환경 조성에 관한 관심은 옅어지는 모양새다. 고령 친화 환경 조성이 저출산고령사회 대책이나 고독사 예방, 도시재생 뉴딜사업, 지역사회 통합돌봄 정책과 별개의 내용이 아닌데도 부처별, 부서별로 추진하는 관행에 따라 고령 친화 환경 조성에 관한 관심이 시들한 편이다.

다른 운동과의 협력 등을 통한 지속적 추진

에이징 인 플레이스에 적합한 환경을 조성하는 유일한 방법은 다양한 부문의 여러 이해관계자가 협력하는 것이다. 정부와 시장, 제3섹터 등 다양한 이해관계자가 고령 친화 환경 조성의 의미와 명확한 비전을 공유하지 않는다면, 소득과 자원 보유 수준에 상관없이 누구나 에이징 인 플레이스가 가능한 환경을 조성하는 것은 불가능하다(Buffel & Phillipson, 2024).

버펠 등(Buffel, Phillipson, & Rémillard-Boilard, 2019)은 고령 친화적 환경 조성이 도약하기 위해서는 다양한 운동과의 협력을 강화해야 한다고 주장한다. 고령 친화 환경 조성 운동이 다른 프로젝트와 별도로 운영되면서 약화한 것을 지적한 것이다. 버펠 등은 고령 친화적 환경 조성을 위해 도시재생 사업과의 협업, 여러 가지 형태의 사회적 기업과 협동조합과의 연대, 세대 간 결속과 통합을 지원하는 사업 등과의 협력이 필요하다고 주장한다. 나아가 스마트 도시(smart cities), 지속 가능한 도시(sustainable cities and communities) 운동 등과의 협업을 통해 고령 친화적 환경 조성이 가능하다고 하는데(Buffel & Phillipson, 2019), 이는 설득력 있는 주장이라고 볼 수 있다.

유엔의 지속가능발전목표(Sustainable Development Goals) 11번이 지속 가능한 도시와 공동체에 관한 것이다. 전자정부 누리집에 의하면, '안전 및 저렴하고 지속 가능한 공공 교통 시스템 제공', '포괄적이고 지속 가능한 도시화와 참여', '(특히 여성, 아동, 노인, 장애인에게) 포괄적이고 안전하며 보편적으로 접근 가능한 녹색 및 공공장소 제공'

등을 통해 2030년까지 지속 가능한 도시를 만들겠다고 명시하고 있다. 이와 같은 목표의 사업명이 2010년대에 '고령 친화 조성'이었다면, 2020년대에는 '지속가능발전목표'로 바뀐 것으로, 세부 내용은 크게 다르지 않다. 프로젝트의 명칭보다 중요한 것은 실제 계획하는 바가 달성되어 누구나 살기 좋은 세상이 되도록 하는 것이다.

사회 행동 차원에서 고령 친화 환경 조성 운동 접근하기

인구 저출산 고령화, 도시 소멸 등의 인구사회학적 변화에 따라 도시 재개발 또는 재생의 움직임이 활발해질 수밖에 없다. 문제는, 도시 재개발에 따라 둥지 내몰림 현상이 나타나고, 이와 같은 젠트리피케이션(gentrification)의 폐해는 특히 자원이 부족한 취약 계층에 쏠린다는 점이다(이상호 · 신선옥, 2018). 고령 친화 환경을 조성한다는 것은 이와 같은 자본의 논리가 지역의 불평등을 심화하는 것을 인식하며, 이에 도전해야 하는 일이기도 하다(Buffel & Phillipson, 2024).

에이징 인 플레이스 조성을 위해서는 도시개발 및 재

생, 부동산 개발을 비롯한 영리 기관들과의 파트너십 구축도 필요하다(Buffel & Phillipson, 2019). 나아가 도시를 둘러싼 역학 관계에 대한 이해를 바탕으로 시민사회 운동 차원에서 접근할 수도 있다. 20세기 말 외환위기 극복 과정에서 '국민기초생활보장법 제정추진연대' 등의 움직임이 기초생활보장법 제정에 큰 영향을 미친 것처럼(김성천 · 김은재, 2015), 누구나 살기 좋은 고령 친화적 환경 조성을 위해 사회 행동 차원의 접근이 필요하다.

참고문헌

김성천 · 김은재(2015). 『옆으로 간 사회복지 비판: 급진사회복지실천가들의 현장 이야기』. 학지사.

김유진 · 박창제 · 엄태영 · 김영현(2021). 『경상북도 고령 친화 도시 조성 지원계획 수립 연구』. 경상북도 · 경북대학교 산학협력단.

이상호 · 신선옥(2018). 『도시재생, 젠트리피케이션 그리고 공간 불평등: 서울시 사례를 중심으로』. 한국노동연구원.

최희경(2016). 고령 친화 도시 추진에 있어 지역사회와 노인의 주도적 참여에 관한 연구: 캐나다 브리티시 컬럼비아주 사례를 중심으로. ≪비판사회정책≫, 52권, 83~114.

Buffel, T. & Phillipson, C.(2016). Can global cities be 'age-friendly cities'? Urban development and ageing populations. *Cities,* 55, 94~100.

Buffel, T. & Phillipson, C.(2019). Ageing in a gentrifying neighbourhood: Experiences of community change in later life. *Sociology, 53*(6), 987~1004.

Buffel, T. & Phillipson, C.(2024). *Ageing in place in urban environments: Critical perspectives.* New York: Taylor & Francis.

Buffel, T., Phillipson, C., & Rémillard-Boilard, S.(2019). Age-friendly cities and communities: New directions for research and policy. *Encyclopedia of gerontology and population aging*, 1, 1～11.

Fitzgerald, K. G. & Caro, F. G.(2014). An overview of age-friendly cities and communities around the world. *Journal of Aging & Social Policy, 26*(1-2), 1～18.

Keating, N.(2022). A research framework for the United Nations Decade of Healthy Ageing(2021–2030). *European Journal of Ageing, 19*(3), 775～787.

Lui, C. W., Everingham, J. A., Warburton, J., Cuthill, M., & Bartlett, H.(2009). What makes a community age-friendly: A review of international literature. *Australasian Journal on Ageing, 28*(3), 116～121.

Phillipson, C. & Grenier, A.(2021). Urbanization and ageing: ageism, inequality, and the future of "Age-Friendly" Cities. *University of Toronto Quarterly, 90*(2), 225～241.

Van Hoof, J., Kazak, J. K., Perek-Białas, J. M., & Peek, S. T.(2018). The challenges of urban ageing: Making cities age-friendly in Europe. *International Journal of Environmental Research and Eublic Health, 15*(11), 2473.

World Health Organization(2020). Age-friendly environments. https://www.who.int/teams/social-determinants-of-health/demographic-change-and-healthy-ageing/age-friendly-environments

10

에이징 인 플레이스와 지역 공동체

이 장에서는 에이징 인 플레이스를 실현하기 위해 정부나 시장이 아닌 지역 공동체가 주도하는 대안적인 방법을 살펴본다. 아직은 '대안적 방법'으로 불리지만, 향후에는 자연스러운 에이징 인 플레이스의 한 모습이 될 수도 있다. 이는 앞서 1장에서 살펴본 에이징 인 커뮤니티라는 개념에 관한 것이다. 이것의 정의도 쉽지 않지만, 간단히 정리하면, 에이징 인 커뮤니티란 혼자가 아닌 공동체와 함께, 그리고 공동체 내에서 나이 들어 가는 삶을 의미한다. 사실 이는 전혀 새로운 내용이 아니며, 산업화 이전 우리네 삶의 모습과 비슷할 것이다. 그런 점에서 이 장에서 다루는 내용은 헬레나 호지의 저서 『오래된 미래』의 내용을 떠올리게 한다.

지역사회 개발 차원에서 에이징 인 플레이스 실현하기와 에이징 인 커뮤니티의 정신

로스먼(Rothman, 2007)식으로 보자면, 대부분의 에이징 인 플레이스 실현을 위한 사회적 노력은 사회계획 접근 방식을 따르고 있다. 고령화 시대의 에이징 인 플레이스 관련 현상을 사회가 해결할 문제로 규정하고, 계획적이고 체계적인 방법을 통해 그 문제를 해결해 나가는 식이다. 사회계획에 따른 정책과 제도 내에서 노인은 보통 복지 수혜자 또는 수동적으로 서비스를 받는 자로 규정된다(Bookman, 2008). 그리고 지역사회는 노인에게 서비스를 제공하는 기관이 모여 있는 곳이거나, 노인의 삶과 별로 상관없거나, 연령 차별적인 곳이다(김유진, 2021).

반면, 노인과 지역사회의 관계는 이럴 수도 있다. 노인은 자기 자신을 돌보는 주체이자 상호 돌봄적인 지역사회를 만들어 가는 데 일조하는 존재이고, 지역사회는 고령자가 사회의 구성원으로 적극적인 역할을 할 수 있도록 사회환경적 분위기를 조성하는 곳이자, 돌봄 공동체의 장이 될 수도 있다(Greenfield et al., 2012). 에이징 인 플레이스 개념의 확장 격인 에이징 인 커뮤니티(aging in community) 담론에서는 이처럼 노인과 지역사회의 관계를 상호 의존적인 관계로 본다.

이와 같은 시각을 잭 로스먼의 지역사회 실천 모델에 적용하여 지역사회 개발 식의 에이징 인 플레이스 실현 방안을 모색할 수도 있다. 지역사회가 주체가 되어 의도적으로 사회적 자본을 만들어가는 것이다. 자조(self-help)에 기반한 커뮤니티 구축과 지역사회 역량 향상을 통해 홀로 나이 들어 가지 않고, 공동체 안에서 공동체와 함께 나이 들어갈 수 있는 지역사회의 중요성을 강조하는 것이 에이징 인 커뮤니티의 정신이라고 할 수 있다(Blanchard, 2013).

에이징 인 플레이스를 지원하는 대안적 방법: 빌리지 모델

영국의 서클(circle), 미국의 빌리지(village), 북미와 유럽의 고령자 코하우징(cohousing) 모델 등이 에이징 인 커뮤니티를 구현하는 구체적인 예로 볼 수 있다(김유진, 2016; 2021). 여기서는 빌리지 모델을 중심으로 노인들이 주도적으로 앞장서서 공동체와 함께 나이 들어 가는 마을에서의 삶을 구축한 사례를 살펴보고자 한다.

선행 연구에 따라 빌리지 모델을 노인 주거 모델 중의

하나로 소개하는 예도 있으나(Chum et al,, 2022), 버펠과 필립슨이 정의한 것처럼(Buffel & Phillipson, 2024) 빌리지 모델은 에이징 인 플레이스를 지원하는 공동체 조직의 하나로 보는 것이 적합하다. 빌리지 모델은 주택에 관한 것이 아니고 지역에서 노인이 에이징 인 플레이스의 주인공이자 커뮤니티 구축자로서 살아가는 것에 관한 것이기 때문이다.

빌리지는 미국 보스턴에서 시작한 회원제 풀뿌리 조직으로 자치와 자조 정신, 소비자 주도의 가치를 기반으로 한다(Davitt et al., 2015). 빌리지 모델 창시자들이 이 모델을 개발하게 된 과정에서 나눈 이야기를 정리한 바는 다음과 같다. 기록에 의하면(McWhinney-Morse, 2009), 60대의 나이에 접어든 자신들이 원하는 것은 앞으로 나이가 더 들어도 현재 집에서 계속 사는 것인데, 이것이 가능하기 위해 무엇이 필요한지 고민하게 되었다고 한다. 6장에서 본 것과 같이 에이징 인 플레이스 점검과 설계와 같은 일을 마음 맞는 친구들이 모여서 같이 해 본 것이다. 회의 결과, 사람은 누구나 도움이 필요하고, 나이 들수록 더 그럴 수 있는데, 보통 그런 도움은 일상생활의 사소한 것들인 경우가 많으며, 그런 사소한 것들 때문에 난처한 상황에 부닥칠 때가 많다는 것이 드러났다. 만약 그런 상황에서 적재적소의 도움을 받을 수 있다면, 부모 세대처럼 요양 시설에 가지 않고 오래도록 현재 사는 곳에서 살 수 있다고 생각하게 되었다. 그리고 같은 생각을 하는 사람들이 모여 상호 지원과 배려의 시스템을 만들어 보자며 의기투합했다. 그리고 고령자들이 시민이자 지역사회 건설자로서 사회적 네트워크를 활용하여 여러 기관(병원, 돌봄 서비스 기관 등)과 전략적 제휴 관계를 맺고, 디지털 플랫폼 기술을 활용하며, 회원 간 서로 돌봄이라는 조직을 구성했다(Blanchard, 2013).

모든 조직이 그런 것처럼, 빌리지 운영에도 여러 가지 어려움이 있다. 특히, 빌리지가 얼마나 지속 가능할지, 현재 주도적인 역할을 하는 노인들이 연로해지면 어떻게 되는지, 지식층이나 부유층 중심의 지역이 아닌 곳에서도 이런 모델이 얼마나 가능할지, 목표가 다른 여러 기관과의 협력을 어떻게 계속 끌어낼 것인지 등의 문제를 겪고 있다(Lehning et al., 2017).

그럼에도 빌리지 회원들은 자신의 환경 관리 능력에 대한 자신감 향상, 필요한 도움을 믿을 만한 사람으로부터 제때 받을 수 있다는 데서 오는 안정감 향상, 호혜적인 활동 및 시민 활동에 참여함으로써 의미 있는 시간을 보내며(빌리지 회원의 30~40%가 다른 회원을 돕거나 행정 일에 참여), 삶에 대한 통제감과 목적의식 고취, 병의원 이용 감소,

평균 여섯 명 이상의 마음이 맞는 친구를 새로이 사귐 등의 효과를 경험한다(Graham et al., 2018; Graham et al., 2014). 무엇보다 이들은 공동체 구축과 사회적 자본의 확장에 앞장서고 있다.

에이징 인 플레이스 실현을 위해 지역사회 개발 모델의 적용이 중요한 이유

왜 지역사회 개발 차원에서 에이징 인 플레이스를 논의해야 하는가? 노인이 사회에서 소외되거나 돌봄 서비스 이용자로만 머물지 않고, 사회의 구성원으로 어울려 살아가는 것이 에이징 인 플레이스의 본질이기 때문이다. 이와 같은 에이징 인 플레이스 실현을 위해서 지역의 리더십 개발과 커뮤니티 구축이 무엇보다 중요하다.

국내에서도 비슷한 시도가 이루어지고 있다. 서울의 방학서클이 그 한 예가 될 수 있다. 영국의 서클 모델을 벤치마킹한 방학서클은 관계 복지를 추구한다. 노인들이 마을에서 행복한 노후를 보낼 수 있도록 이웃 관계 형성을 돕고, 장년층과 고령층이 협동조합을 조직하여 이웃 중심의 돌봄 공동체를 형성하는 활동을 한다(김희경, 2022). 광주

광역시는 광주 통합돌봄 사업과 연계하여 풀뿌리 마을형 돌봄사업에 타임뱅크 시범사업을 추진하고 있다(손서락, 2024). 지역 구성원들이 주체가 되어 의도적으로 사회적 자본을 만들어 가고자 하는 것이다.

지역 돌봄 공동체의 확산에 필요한 것

앞에서 살펴본 풀뿌리 조직의 돌봄 공동체가 일부 지역의 시도로 그치지 않고, 곳곳에 자리 잡으려면 어떤 것이 필요할까? 돌봄에 대한 낮은 인식, 관료적인 행정이 사회 곳곳에 미치는 영향, 지역에 따라 편차가 큰 공동체성 등을 고려할 때, 지역사회 기반 서로 돌봄 공동체가 전국에 확산하는 것은 쉽지 않을 수 있다. 그러나 이 책에서 살펴본 내용들을 바탕으로 대안적 시도를 계속 추진할 수 있다.

그것은 바로 노인과 노화에 관한 생각의 전환, 의료적 모델 중심에서 사회적 모델 중심으로의 돌봄 패러다임 전환, 사후치료적 돌봄만큼 예방적 돌봄의 필요성에 관한 관심, 지역사회 변화에 대한 역동에 대한 이해와 함께 고령화 이슈를 함께 다루는 것, 에이징 인 플레이스에 사회계획 차원뿐 아니라 지역사회 개발, 나아가 사회운동 차원에서 접근하는 것이다(김유진, 2021). '오래된 미래'를 위해 꼭 필요한 일이라고 할 수 있다.

참고문헌

김유진(2016). '지역 공동체 내에서 나이 들어가기' 관점에서 살펴본 농촌 독거노인 공동생활거주제에 관한 연구. ≪노인복지연구≫, 71권 1호, 251~273.

김유진(2021). 노인 당사자 주도의 aging in place 지원을 위한 실천현장의 실험: 서클(Circle)과 빌리지(Village) 같은 모델, 우리 사회에서 가능할까? 『2021 한국노인복지학회 춘계학술대회 기획세션 자료집』.

김희경(2022). 『50+세대 이웃관계 형성 활동의 노인 커뮤니티 케어 기여에 관한 경험적 연구: 방학서클 사례를 중심으로』. 서울특별시 50플러스재단.

손서락(2024). 광주마을형 타임뱅크의 적용가능성. http://www.timebanks.or.kr/?article=menu03_02&p=read&read=111

Blanchard, J.(2013). Aging in community: Communitarian alternative to aging in place, alone. *Generations, 37*(4), 6~13.

Bookman, A.(2008). Innovative models of aging in place: Transforming our communities for an aging population. *Community, Work & Family, 11*(4), 419~438.

Buffel, T. & Phillipson, C.(2024). *Ageing in place in urban environments: Critical perspectives.* New York: Taylor & Francis.

Chum, K., Fitzhenry, G., Robinson, K., Murphy, M., Phan, D., Alvarez, J., Hand, C., Rudman, D. L., & McGrath, C.(2022). Examining community-based housing models to support aging in place: A scoping review. *The Gerontologist, 62*(3), e178~e192.

Davitt, J. K., Lehning, A. J., Scharlach, A., & Greenfield, E. A.(2015). Sociopolitical and cultural contexts of community-based models in aging: The village initiative. *Public Policy & Aging Report, 25*(1), 15~19.

Graham, C., Scharlach, A. E., & Kurtovich, E.(2018). Do villages promote aging in place? Results of a longitudinal study. *Journal of Applied Gerontology, 37*(3), 310~331.

Graham, C. L., Scharlach, A. E., & Price Wolf, J.(2014). The impact of the "village" model on health, well-being, service access, and social engagement of older adults. *Health Education & Behavior, 41*(1_suppl), 91S~97S.

Greenfield, E. A.(2012). Using ecological frameworks to advance a field of research, practice, and policy on aging-in-place initiatives. *The Gerontologist, 52*(1), 1~12.

Lehning, A. J., Scharlach, A. E., & Davitt, J. K.(2017). Variations on the Village model: An emerging typology of a consumer-driven community-based initiative for older adults. *Journal of Applied Gerontology, 36*(2), 234~246.

McWhinney-Morse, S.(2009). Beacon hill village. *Generations, 33*(2), 85~86.

Rothman, J.(2007). Multi modes of intervention at the macro level. *Journal of Community Practice, 15*(4), 11~40.

지은이

김유진

경북대학교 사회복지학부 교수다. 미국 시카고 로욜라 대학교에서 임상사회복지 전공으로 박사 학위를 받았다. 박사 학위 논문은 "Understanding Korean American family caregivers' experiences of living with Alzheimer's: A phenomenological inquiry"(2006)다. 미국 너싱홈(nursing homes)과 생활지원시설(assisted living facilities)에서 사회복지사로 훈련받으며 만난 노인과 가족들에게 영감을 받은 경험을 기반으로 연구 주제를 선택했다.

현재 노인맞춤돌봄서비스, 노인 의료·돌봄 통합지원 시범사업 등의 노인 돌봄 분야에서 정책 자문과 평가, 돌봄 인력 교육 등을 담당하고 있다. 노인 돌봄, 노인 주거, 노년기 정신건강이 주된 연구 분야다.

학술 저서로 『근거기반실천과 사회복지: 이슈와 동향』(2015), 『Suicide and Human Rights among Older Persons:

A Comparative Study of Australia, South Korea, and Sweden』(공저, 2024) 등이 있고, 돌봄 현장에서 활용하는 노인의 자기돌봄 워크북으로 『행복일기: 생명존중편』(공저, 2024), 『행복일기: 우울예방편』(공저, 2024), 『행복일기: 마음건강편』(공저, 2024) 등이 있다. 논문은 "중증 우울 노인의 정신건강 돌봄서비스 이용 경험에 관한 질적 연구"(2024), "국내 에이징 인 플레이스(aging in place) 관련 연구에 관한 통합적 문헌고찰"(2024) 등이 있다.